A ESCOLHA

Publicações
Pão Diário

"Queremos impactar o mundo inteiro para Jesus. Isso é tão correto, que pensamos que o que é maior, que envolve mais pessoas e que realiza mais no ministério é sempre melhor, certo? Hoag, Rodin e Willmer abrem a Bíblia e mostram-nos quais são os verdadeiros princípios do reino, orientando tanto o líder do ministério como o captador de recursos através do labirinto de vozes que competem no mundo atual, inclusive no mundo cristão. Se você quiser entender a verdadeira mordomia do reino, a leitura desta pequena joia de livro é essencial."

Craig L. Blomberg, PhD, professor emérito
do Novo Testamento, Seminário Denver

Este livro é um toque de clarim para que cada cristão deixe o caminho mundano do controle, idolatria e orgulho e retorne ao caminho do reino de humildade, amor e mordomia em sua vida e ministério. Fiquei especialmente impressionado com sua ênfase dada na generosidade radical. Recomendo este livro para todos os cristãos que anseiam seguir fielmente a Jesus nesta época de crise, quando a idolatria a Mamon e o evangelho da prosperidade são esmagadoramente predominantes, mesmo dentro da igreja e dos vários ministérios paraeclesiásticos. Esta é uma leitura obrigatória!

Sung Wook Chung, PhD (Universidade de Oxford)
Professor de Teologia Cristã e Diretor de
Iniciativas Coreanas, Seminário Denver

"Recomendo que todos os ministérios e redes ministeriais examinem este livro para determinar se estão seguindo o caminho do reino. Os excelentes Guia de estudo e Recursos práticos facilitarão a discussão nas reuniões de equipe, e também durante reuniões de redes ministeriais globais. Espero que este livro se torne uma plataforma para determinar o sucesso em todas as áreas do ministério e que se transforme em leitura essencial em instituições teológicas ao redor do mundo."

Sas Conradie, Coordenador Lausanne / Aliança
Evangélica Mundial Rede Global de Generosidade

Com toda a disponibilidade das fórmulas cristãs de liderança que simplesmente imitam modelos populares misturando-os superficialmente com algumas referências bíblicas, você vai encontrar no livro A escolha *uma abordagem renovadora e diferente. Aqui está uma obra que começa com o Livro e convida o leitor a descobrir como o ministério e a liderança centrados em Cristo devem ser.*

Barry H. Corey, Presidente
Universidade Biola

"Os autores do livro A escolha *desafiam líderes de ministério e membros de diretorias a repensarem suas abordagens, motivações, processos de planejamento e os resultados da avaliação à luz dos entendimentos do reino sobre o que é liderança e mordomia. Neste trabalho bem elaborado, de fácil leitura, perspicaz e altamente aplicável, Hoag, Rodin, e Willmer traçam diretrizes para que igrejas e ministérios eclesiásticos, bem como instituições e organizações, alinhem todas as suas atividades e estratégias de acordo com a fidelidade bíblica. Fui grandemente ajudado por este livro e creio que muitos outros o serão também.*"

David S. Dockery, Presidente
Universidade Union

"*Quando se trata de administrar as nossas igrejas e ministérios, exige-se uma profunda adoração pelo Salvador para que não sejamos seduzidos pelos caminhos da nossa cultura.* A escolha *nos ajuda a nos afastarmos deste canto da sereia que abafa os sussurros orientadores do Espírito: 'Isto é o que Jesus queria dizer; aqui é o caminho do reino; apenas ande nele'. Este livro é muito oportuno para os líderes cristãos de hoje. Eu o recomendo!*".

Joni Eareckson Tada, Fundadora
Centro Internacional de Deficiência Física Joni e Amigos

"*A escolha vai desafiar o coração de todos os envolvidos com o ministério para a glória de Deus e desejam seguir princípios centrados em Cristo a partir das páginas das Escrituras. Ao fazê-lo, igrejas e organizações cristãs podem trabalhar como se fizessem ao Senhor com o propósito de levar pessoas a Jesus Cristo como Senhor e Salvador — esta é a escolha que realmente conta para a eternidade.*"

Franklin Graham, Presidente & CEO, *Samaritan's Purse* (Alforje do samaritano) e Associação Evangelística Billy Graham

"*Muitas vezes, temos nos sentido sufocados pelos desfechos, métricas e resultados que nos são exigidos como líderes. Muitas vezes nos perguntamos: 'É isso o que significa liderar um ministério cristão?' Ao ler* A escolha*, nos sentimos como os dois homens caminhando para Emaús com Jesus que lhes explicava tudo através das Escrituras. Depois de lê-lo, dizemos: 'não nos ardia o coração, quando ele, pelo caminho, (de liderança), nos falava?' Nós sabíamos! Há um caminho cristão e você também pode encontrá-lo com* A escolha*! Queremos encorajá-lo a traduzir este livro para outros idiomas.*"

Edgar e Gladys Güitz, Diretores executivos, Associação Internacional *Potter's House* (Casa do oleiro) Vinte sete anos servindo entre a comunidade de catadores no depósito de lixo da cidade da Guatemala

"Hoag, Rodin, e Willmer devem ser reconhecidos por seu trabalho neste livro. A escolha nos convida a reconhecer as maneiras nas quais colocamos os nossos objetivos pessoais antes da missão de Deus e, com isso, criamos modelos de liderança voltadas aos benefícios pessoais, em vez dos resultados do reino. Todos os que lerem este livro serão desafiados a examinar a forma como lideram, edificados pelos processos práticos e formativos descritos nesta obra, e encorajados pela certeza de que Deus reina!"

Greg Henson, Presidente
Seminário Sioux Falls

A ESCOLHA

A ESCOLHA

A busca pela vontade de Deus para o ministério

Gary G. Hoag, R. Scott Rodin
e Wesley K. Willmer

This book has been translated with permission from
The English-language original,
The Choice: The Christ Centered Pursuit of Kingdom Outcomes,
© 2014ECFAPress,
Authors Gary G. Hoag, R. Scott Rodin, and Wesley K. Willmer

Coordenação editorial: Dayse Fontoura
Tradução: Dayse Fontoura
Revisão: Thaís Soler, Lozane Winter, Rita Rosário
Projeto gráfico: Audrey Novac Ribeiro
Capa: *The starry night*, by Vincent Van Gogh
© 2016 The Museum of Modern Art/Scala, Florence.
Diagramação: Audrey Novac Ribeiro

Dados Internacionais de Catalogação na Publicação (CIP)

HOAG, Gary G., RODIN, R. Scott e WILLMER, Wesley K.
A Escolha — a busca pela vontade de Deus para o ministério.
Tradução: Dayse Fontoura – Curitiba/PR, Publicações Pão Diário.
Título original: The Choice — The Christ Centered Pursuit of Kingdom Outcomes
1. Teologia prática   2. Religião prática   3. Vida cristã   4. Ministério cristão

---

Exceto quando indicado o contrário, os trechos bíblicos mencionados são da edição Revista e Atualizada de João F. de Almeida © 2009 Sociedade Bíblica do Brasil.

Proibida a reprodução total ou parcial, sem prévia autorização, por escrito, da editora. Todos os direitos reservados e protegidos pela Lei 9.610, de 19/02/1998.

Pedidos de permissão para usar citações deste livro devem ser direcionados a: permissao@paodiario.org

Publicações Pão Diário
Caixa Postal 4190
82501-970 Curitiba/PR, Brasil
publicacoes@paodiario.org • www.publicacoespaodiario.com.br
(41) 3257-4028

Código: ZG316
ISBN: 978-65-5350-094-5

1.ª impressão: 2022

Impresso no Brasil

Apresentação

No ECFA (*Evangelical Council for Financial Accountability*), sempre buscamos ajudar igrejas e ministérios a cumprir a obra de Deus para que produzam muito mais frutos e glorifiquem ao Senhor! Para alcançar esses objetivos globais, estabelecemos altos padrões de integridade aos quais igrejas e outras organizações sem fins lucrativos, que honram o nome de Jesus, voluntariamente concordam em seguir.

É um privilégio para nós da ECFA publicar este livro, visto que este abrange o que pode ser considerado a pressuposição mais importante relacionada ao ministério atualmente e ainda assim inexplorada — definição de sucesso. Conceitos impróprios a respeito do sucesso podem impactar consideravelmente a forma como as organizações lidam com os três pilares sobre os quais o ECFA está estabelecido: administração, gerenciamento financeiro e decisões sobre captação de recursos e mordomia. Conselhos podem alterar suas decisões estratégicas sem discernir a vontade de Deus, declarações financeiras podem ser desenvolvidas apenas para atingir um patamar elevado com as agências de classificação de risco, e a captação de recursos pode declinar a ponto de empregar práticas enganosas inaceitáveis.

Os valores seculares nos chamam a adotar a maneira do mundo de pensar relacionada a quase tudo o que fazemos, e geralmente nos conformamos às normas culturais sem sequer nos darmos conta disso. Há uma pressão contínua por maiores e melhores resultados. Para alcançá-los, nossos grupos de ministérios de liderança necessitam, aparentemente, de uma inesgotável fonte de dinheiro para fazer seu ministério acontecer.

Para abordar essas questões, solicitamos a três confiáveis amigos, que conhecem a Palavra de Deus e compreendem suas aplicações em nosso mundo, para nos ajudar. A tarefa deles: Determinar como chegamos onde estamos, delinear um curso Cristocêntrico onde as pessoas adotem a fidelidade bíblica e posicionar o ministério em que servimos para frutificar.

Eles superaram as nossas expectativas. Esperávamos certo resultado deles. Baseado no levantamento que fizeram, acreditamos que este estudo possa contribuir para uma renovação. Oramos para que ele desencadeie um grande despertar ao redor do mundo entre líderes e leigos nas igrejas, e todos os demais, desde executivos a funcionários nos ministérios.

Por que estamos tão empolgados com este livro? Porque ele identifica a situação atual, sugere como chegamos até aqui e contém dezenas de percepções formativas e práticas para a vida e liderança. Os princípios integrados nesta obra oferecem um caminho Cristocêntrico para buscar os resultados do reino. Contém um guia de estudo para ser usado em pequenos grupos e também ferramentas para trabalhar conceitos com os conselhos e grupos de liderança. É uma leitura fácil e, mais importante, é relevante a todos os seguidores de Cristo envolvidos na obra do Senhor. Não poderíamos estar mais satisfeitos por publicar este livro.

De forma oportuna, *A escolha* oferece uma resposta atemporal e bíblica às práticas dominantes na contemporaneidade e nos ajuda a experimentar a transformação que é decorrente de renovarmos a nossa mente e de comprometermos a nossa vida ao caminho dedicado a Cristo.

Não apenas leia esse livro. Decida seguir o caminho do reino!

Rogo-vos, pois, irmãos, pelas misericórdias de Deus, que apresenteis o vosso corpo por sacrifício vivo, santo e agradável a Deus, que é o vosso culto racional. E não vos conformeis com este século, mas transformai-vos pela renovação da vossa mente, para que experimenteis qual seja a boa, agradável e perfeita vontade de Deus (ROMANOS 12:1,2).

Dan Busby
Presidente
ECFA

Prefácio

Se eu pudesse recomendar um livro para qualquer um envolvido na igreja ou no ministério hoje, seja em um trabalho remunerado ou como voluntário, seria este livro. Ele inclui todos da *Christian Leadership Alliance* (União da Liderança Cristã)!

Ao interagir com pastores e líderes, com igrejas ou ministérios que estão se desenvolvendo, o seu paradigma ou abordagem para o ministério é surpreendentemente semelhante ao caminho do reino destacado neste livro.

Para muitos outros, acredito que eles admitiriam que em algum momento da liderança, a maneira secular de pensar os fez seguir pelo caminho comum ou sucumbiram a uma ou mais das três tentações que Cristo enfrentou antes de iniciar Seu ministério terreno.

Por exemplo, alguns compartilham que estão exaustos e estressados por tentar um método de medição que não conseguem controlar. Outros afirmam que sentem que tudo o que fazem é correr atrás do dinheiro para não fecharem as portas. Muitos se desiludiram com o estado atual do ministério e, como resultado, querem sair. Esta lista de desafios continua.

O que amo sobre este livro é que, além de avaliar nossa situação atual, ele mostra como chegamos até aqui e sugere a escolha que todos os líderes devem fazer para voltar aos trilhos.

Aprecio, especialmente, a maneira como Gary, Scott e Wes são capazes de identificar humildemente as características do caminho comum e das tentações que enfrentamos, visto que eles próprios as enfrentaram. A partir de seu conhecimento bíblico e experiências em liderança, tornam simples o que é complicado. Sem se esquivar das dificuldades que um líder enfrenta, eles traçam um curso direcionado a Cristo para que se busque os resultados do reino.

Este livro é luz na escuridão. Coloca as coisas em perspectiva e nos ajuda a ver tudo mais claramente.

A forma como aborda as questões nele contidas não é apenas uma estrada para a liberdade — é um caminho para a maturidade. Por vezes, este se torna frutífero e em outros momentos traz sofrimento, mas sempre resulta em fidelidade. Os autores deixam bastante claro, por meio das Escrituras, que fidelidade é tudo o que Deus pede de nós.

Creio que o caminho do reino é a única rota que podemos seguir se desejamos ver os seus resultados em nossas igrejas e ministérios. Adotei a regra de vida e o roteiro para buscar os resultados do reino destacados na seção: "Recursos para que se escolha o caminho do reino", ao final deste livro e espero que você também o faça.

Considero os autores não apenas sábios conselheiros, mas também meus amigos. Escreveram este livro para ajudar a mim e a você. É uma leitura agradável, prática e está de acordo com os princípios bíblicos. Compartilhe-o com todos os que você conhece no ministério. E mais importante, faça a escolha! Faça o que ele sugere.

Portanto, vede prudentemente como andais, não como néscios, e sim como sábios, remindo o tempo, porque os dias são maus (EFÉSIOS 5:15,16).

Tami Heim
Diretor executivo
Christian Leadership Alliance
(União da Liderança Cristã)

Prefácio da Edição em Português

No intuito de cooperar com a igreja brasileira numa revisão de suas práticas ministeriais temos a alegria de colocar em suas mãos *A escolha*. Este livro aborda um tema de extrema relevância para a crise de identidade e de propósitos que permeia a igreja de nossos dias. Em apenas sete capítulos, Gary G. Hoag, R. Scott Rodin e Wesley K. Willmer conclamam a igreja e seus líderes a rever suas posturas ao realizarem a obra do Senhor. Também discorrem sobre a caótica condição das igrejas que se conformam ao caminho comum: liderança guiada pela produção, estratégias baseadas na expansão, medição orientada por princípios terrenos e gestão baseada em resultados. Contudo, na contramão dessa via, apresentam uma contraproposta: o caminho do reino. Este é caracterizado pela liderança baseada na mordomia, estratégias focadas na fidelidade, medição orientada por princípios eternos e gestão baseada em relacionamentos.

A proposta desta obra não é somente discorrer sobre os problemas que afetam lideranças e ministérios, mas buscar apresentar a solução para eles. Para isso, traça-se um paralelo entre a atual situação da igreja e as três tentações enfrentadas por Cristo no deserto: controle, idolatria, orgulho. Os autores destacam que observar e praticar a reação de Jesus frente a cada um desses desafios alinhará, novamente, os objetivos e ação da igreja aos propósitos do reino.

A decisão de se usar o quadro *A Noite Estrelada*, do pintor holandês Vicent Van Gogh, como capa desta obra foi proposital como forma de se iniciar a discussão sobre as escolhas que pesam sobre a liderança eclesiástica. Nas palavras dos autores "enquanto os céus proclamam a glória de Deus e algumas casas piscam com luz, a igreja posicionada no centro está escura".

Nossa esperança é que, apesar da escuridão que envolve lideranças e ministérios na atualidade, essas páginas ajam como geradores de energia. Que o Senhor as use para acender Seus "luzeiros" para que, como no Gênesis, façam "separação entre o dia e a noite" e alumiem a Terra (1:14,15). Essa é a confiança que não confunde, mas direciona todo aquele que percorre o caminho do reino.

Esperamos que as reflexões provocadas por este livro iniciem um caminho de reorientação de práticas e alvos, buscando sempre alinhá-los à vontade do Senhor para cada ministério individualmente.

Você está pronto a fazer *A escolha*?

Dos editores
do *Pão Diário*

Índice

Introdução		25
Capítulo 1	*Como definimos e medimos o sucesso?*	29
Capítulo 2	*As mentiras do inimigo: três tentações que todos nós enfrentamos*	45
Capítulo 3	*Pedras em pão: A tentação do controle*	57
Capítulo 4	*Tudo isso te darei: A tentação da idolatria*	69
Capítulo 5	*O salto para a fama: A tentação do orgulho*	79
Capítulo 6	*Seguindo Cristo: Dez marcas do ministério cristocêntrico*	89
Capítulo 7	*Guia de estudo e recursos práticos para buscar os resultados do reino*	145

Tabelas
  Guia de estudo para que se escolha o caminho do reino!   147
  Recursos para que se escolha o caminho do reino!   157
  Parte um — Dois caminhos: o caminho comum e o caminho do reino   160
  Parte dois — Três tentações: Controle, Idolatria, Orgulho   162
  Parte três — Seguindo a Cristo: Dez marcas do ministério Cristocêntrico   163
  A escolha: A regra de vida

Notas finais   169

Introdução

Estes são tempos desafiadores para igrejas e ministérios. Vozes proeminentes como Richard Stearns, David Platt, Shane Claiborne e Kyle Idleman observaram que as igrejas norte-americanas e líderes de ministérios podem estar indo para uma direção errada. Os relatórios revelam que a igreja ao redor do mundo também está em busca de respostas. Estamos perdidos?

David Platt, recentemente, lançou a sequência do seu livro *Radical*, chamada *Radical Together* (Radical juntos). O objetivo deste livro é estabelecido numa única pergunta: "Como, na igreja, podemos liberar melhor o povo de Deus no Espírito Santo, com a Palavra de Deus para a glória do Senhor no mundo?". Acreditamos que a resposta está em o povo de Deus descobrir seu caminho nas Escrituras e escolher o trajeto certo.

Este livro discorre sobre recalcular a rota para um ministério Cristocêntrico. Sua suposição fundamental é de que muito mais igrejas e ministérios agem de acordo com suposições não analisadas que guiam tudo o que fazem. Ao examiná-las, descobrimos que o jeito como definimos e medimos o sucesso tem muito a ver com a maneira como chegamos ao lugar precário em que nos encontramos hoje. As nossas definições de sucesso moldam o que dizemos, pensamos e fazemos.

O capítulo um apresenta dois caminhos que acreditamos que a maioria das pessoas segue baseada no que define e mede por sucesso. O trajeto comum reflete o que a maioria está fazendo. As pessoas neste caminho são levadas a fazer o que for exigido para exibir resultados mensurados pelo crescimento da igreja e expansão do ministério, usando todos os recursos de que podem dispor. Como outra possibilidade, o caminho do reino destaca o que acreditamos que Deus espera de cada um de nós. Existem aqueles que pensam que como seguidores de Cristo, nós podemos fazer ambos — ou seja, confiar em nossas forças para fazer as coisas acontecerem para Deus e ter uma vida de humildade e obediência ao Senhor. Descobrimos que se seguirmos um molde, perderemos a marca Cristocêntrica por estarmos mirando o alvo errado. Quando veneramos resultados que achamos agradá-lo, na verdade falhamos em demonstrar a obediência que Ele nos pede. Se em vez disso, buscarmos o caminho do reino, então o não frutificar e os resultados do reino serão os subprodutos. O caminho do reino é o *único* caminho que leva aos resultados do reino.

O capítulo dois apresenta três rotas que acabam nos levando ao caminho comum. O diabo nos tenta a controlar, a confiar no que vemos e a nos deleitar com os elogios que as pessoas nos dão quando nos sobressaímos. Esses valores não apenas guiam nosso mundo, mas podem também prejudicar nossa frutificação para o reino. Os três enganos que os líderes de ministério e os seguidores de Jesus enfrentam são as mesmas tentações que precederam o ministério de Cristo. O que nos esforçamos em fazer no capítulo três, quatro e cinco é aprender de Jesus para discernir como devemos reagir. Ao fazer isso, concluímos que a razão pela qual o Espírito levou Jesus ao deserto para ser tentado foi para nos mostrar como vencer os enganos do maligno.

Assim como essas três vitórias pavimentaram o caminho do ministério de Jesus, elas devem preceder o nosso.

Assim, de que maneira o ministério deveria ser? Cristo nos orienta a segui-lo. Ao fazê-lo, encontramos as marcas, ou características, do ministério terreno de Jesus que são muito evidentes na Igreja Primitiva. O capítulo seis contém essas dez marcas e inclui exercícios práticos para ajudá-lo a seguir o caminho do reino. Se isso parece muito simples para você, ingênuo até, talvez fomos nós que complicamos as coisas. Lembre-se, Jesus recrutou pessoas comuns, na maioria sem instrução, e deu a elas instruções básicas. Ele usou palavras como "seguir", "confiar" e "obedecer". Estamos simplesmente atendendo esses pedidos óbvios?

Sabemos que este livro pode nos desafiar a fazer mudanças, tanto pessoal como profissional, sendo assim o capítulo sete o leitor encontrará um guia de estudo e recursos para buscar os resultados relacionados com o reino. Incluímos essas ferramentas práticas para ajudar os seguidores de Cristo a compreenderem e aplicarem as orientações deste livro individualmente, em pequenos grupos, e também numa configuração de ministérios maiores. Oramos para que você faça uma jornada por estas páginas com a mente aberta e disposto a ir aonde o Espírito Santo o levar.

Você perceberá que escolhemos a famosa obra *Noite estrelada* de Van Gogh para nossa capa. O significado desta imagem não pode ser minimizado. Contemple-a enquanto os céus proclamam a glória de Deus e algumas casas piscam com luz, a igreja posicionada no centro está escura. Infelizmente, isso retrata a realidade em muitos lugares atualmente. Muitas igrejas e ministérios precisam da energia restaurada e das luzes acesas. Nossa oração é para que esse livro ajude a fazer justamente isso nestes tempos sombrios em que nos encontramos. E isso só acontecerá se, juntos, escolhermos seguir o caminho do reino.

Porém, se vos parece mal servir ao SENHOR, *escolhei, hoje, a quem sirvais: se aos deuses a quem serviram vossos pais que estavam dalém do Eufrates ou aos deuses dos amorreus em cuja terra habitais. Eu e a minha casa serviremos ao* SENHOR (JOSUÉ 24:15).

Gary G. Hoag, Ph.D.
R.Scott Rodin, Ph.D.
Wesley K. Willmer, Ph.D.

Capítulo 1

Como definimos e medimos o sucesso?

"O valor de nossa vida não depende da posição que ocupamos. Depende de como nós ocupamos essa posição."[2]

THÉRÈSE DE LISIEUX

Definir o sucesso pode ser a decisão mais importante que nós, como povo de Deus, fazemos. Medi-lo está conjugado a isto, pois a maneira como o fazemos revela aquilo que valorizamos. A maneira como os líderes definem e medem o sucesso dá forma e direção a todos os aspectos do ministério. Também molda a cultura que se estabelece e, no final das contas, determina nosso futuro.

Na esfera ministerial da atualidade, cremos que as pessoas definem e medem o sucesso de duas formas. Embora os cenários possam variar, a força condutora de cada congregação ou organização parece refletir um desses caminhos.

Como ambos exigem lealdade, demonstraremos que as duas opções se excluem mutuamente. Cada uma delas demandará total fidelidade e a escolha sobre qual caminho tomaremos é totalmente nossa.

Opção 1: O caminho comum

Aqui, usamos o termo "comum" para designar esse caminho porque é o que a maioria das igrejas e ministérios estão escolhendo. Nele, pastores e líderes ministeriais definem o sucesso em termos de resultados que, normalmente, está ligados ao crescimento da igreja e à expansão do ministério. Esta definição leva os líderes a se concentrarem na infindável expansão de seu trabalho. As diretorias reforçam essa concepção ao determinar que haja prestação de contas, por parte do líder, do sistema de medida de crescimento que avaliará essa expansão. Os resultados são tipicamente mensurados de três maneiras: (1) Alguns reportam crescimento numérico em clientes ou consumidores: mais alunos, mais missionários no campo, mais membros na igreja, mais pessoas alcançadas por nosso serviço. (2) Outros avaliam o crescimento em termos de expansão física: mais ou maiores instalações, mais estruturas e presença no mundo virtual etc. (3) Muitos medem o sucesso relacionando-o às finanças: orçamentos maiores, melhor entrada de ofertas, mais doações e ampliação dos recursos de apoio.

Quando o povo de Deus escolhe definir o sucesso nos termos desses resultados, crescimento da igreja ou expansão do ministério, toma-se um caminho previsível que pode ser descrito de acordo com as cinco características que se encaixam como peças de dominó desta definição. Esta é a descrição de cada uma dessas características:

O CAMINHO COMUM
Liderança guiada pela produção
Estratégias baseadas na expansão
Medição orientada por princípios terrenos
Gestão baseada em resultados
Visão utilitária dos recursos

Liderança guiada pela produção

Os líderes são recrutados, empregados, valorizados e recompensados por sua habilidade de conduzir uma organização num processo contínuo de expansão. São estimados por possuírem um sistema de medição quantitativa e por produzirem crescimento anualmente. Para fazê-lo, eles lideram utilizando-se de um modelo orientado para a produção. Tendem a enfatizar expressões tangíveis de crescimento nas áreas pessoal, comunitária e organizacional.

Os líderes orientados pela produção normalmente se cercam de pessoas com tendências semelhantes. Isso contribui para a formação de uma cultura exigente que coloca o maior valor nos fins (os resultados produzidos) e menor nos meios (como esses resultados são produzidos).

Estratégias baseadas na expansão

Líderes orientados pela produção desenvolvem estratégias baseadas na expansão. Essas estratégias mobilizam recursos humanos e financeiros para alcançar os níveis desejados de crescimento. Por mais que, sem dúvida, haja algum componente qualitativo na estratégia geral da organização, este deve curvar-se à tarefa de alcançar os fins desejados dentro das fronteiras dos recursos humanos e do orçamento. Assim sendo, as estratégias que enfocam na qualidade do trabalho são, no fim das contas, tornadas subservientes à visão mais ampla de expansão.

O pressuposto subentendido é que, para desempenharmos melhor nosso trabalho, devemos trabalhar mais. O crescimento é o pré-requisito implícito, a força motriz em nossa definição de sucesso. Como consequência, os planos estratégicos são formulados para articular o que o "mais" quer dizer em termos quantificáveis. Nesse caminho, os líderes tendem a enfatizar demais os altos funcionários, ao passo que minimizam o papel desempenhado por outros, porque pensam que os últimos não possuem os requisitos para "fazer a coisa acontecer". Embora a qualidade seja importante, ela deve ceder lugar à crescente pressão de informar resultados sempre crescentes.

Medição orientada por princípios terrenos

As organizações que medem o sucesso nesses termos desenvolvem mensurações e sistemas associados com suas estratégias baseadas na expansão. Esses sistemas de medição são temporais em sua natureza e encontrados em três áreas principais: pessoas, instalações e finanças. A influência dessas mensurações vai além dessas três áreas e abrem caminhos nos procedimentos para recursos humanos, declarações de valores centrais, e políticas administrativas da diretoria. Como tal, cada área da vida organizacional se alinha ao crescimento quantificado de igrejas e ministérios.

O desempenho, em todas as áreas — desde o individual ao coletivo, da liderança para a diretoria — é avaliado de acordo com um alvo dominante: números. Os profissionais das igrejas e ministérios da atualidade podem adquirir uma horda de ferramentas de implementação e gestão para medir diferentes fatores que contribuem para o crescimento. Estas prometem aumentar a produção e a realização dos resultados desejados, e, desta forma, são altamente valorizadas por todos os que percorrem este caminho.

Gestão baseada em resultados

Quando os líderes definem sucesso em termos de crescimento da igreja ou expansão do ministério, os sistemas de gestão organizacional são ajustados para se alinhar a essa definição. O treinamento gerencial, a escala salarial, os incentivos, a disciplina e a promoção dependem da habilidade de cada colaborador de ajudar a organização a alcançar seus objetivos, executar suas estratégias e apresentar números. Da perspectiva dos modelos de governo vigentes, isso se chama de "controle dos fins".

A habilidade percebida de uma pessoa de controlar os fins se torna o valor mais elevado na avaliação gerencial e promoção, bem como no recrutamento para diretoria. Qualquer iniciativa que não possa ser diretamente alinhada com os fins declarados é automaticamente desvalorizada. Atividades periféricas podem persistir em organizações religiosas, mas elas e, muitas vezes, as pessoas que as executam, serão, provavelmente, tomadas como secundárias e auxiliares das principais tarefas e cargos que fomentam o crescimento.

Visão utilitária dos recursos

Líderes guiados pela produção normalmente consideram os recursos humanos e financeiros que lhe estão disponíveis como bens ativos. Embora descrevam seu trabalho como mordomia, eles minimizam o valor intrínseco dos recursos que lhe foram confiados. Mesmo que isso pareça rude, o que acontece a seguir é que o valor dos bens ativos fica diretamente ligado à sua habilidade de cooperar para que o ministério atinja suas metas.

O ímpeto de assegurar cada vez mais oferta parece insaciável porque o crescimento exige um fluxo interminável de matéria-prima. Qualquer meio de garanti-las pode ser tolerado e até justificado (*É para o reino!*), da mesma forma que as políticas de empregabilidade, gestão, estratégias, medição e características da liderança podem ser todas comprometidas no processo de se produzir maiores níveis de crescimento.

Resumo: O caminho comum

Quando definimos sucesso dentro dessa linha do caminho comum, esta escolha representa o curso que moldará o futuro. As atividades da maioria de nossos ministérios refletem que estamos percorrendo este caminho, quer o declaremos explicitamente ou não. Empregamos líderes orientados pela produção, que implementam estratégias voltadas à expansão, as quais são avaliadas por meio de mensurações orientadas por resultados externos. Além disso, operamos por meio de uma gestão voltada aos resultados e demonstramos uma visão utilitária dos recursos. Fazemos tudo isso para produzir os resultados na forma de crescimento da igreja e expansão do ministério.

Se fôssemos líderes seculares administrando um negócio, poderíamos considerar isso aceitável. Mas como estamos trabalhando na obra do Senhor, deveríamos concluir algo diferente? Phil Vischer, fundador e ex-CEO da animação *Os Vegetais*, pensa que:

> Estamos consumindo um coquetel que é uma mistura da ética protestante de trabalho, do sonho americano e do evangelho. E os entrelaçamos de tal maneira que não podemos mais vê-los individualmente. Nosso evangelho se tornou um evangelho de corrermos atrás de nossos sonhos e de sermos tão bons que Deus os realizará... Assim, eu precisava me libertar desse conceito. Percebi que não devo buscar impactar. Devo buscar a Deus. E quando o busco, tenho todo o impacto que Ele planejou que eu tivesse.[3]

Será que também não temos buscado o objetivo errado? Temos, erroneamente, idolatrado os resultados que achamos que agradam a Deus e, desta forma, temos falhado em agradá-lo? Já que estamos produzindo resultados para o Senhor, estes são resultados para o reino, certo? São mesmo?

Cremos que esse é o momento de responder a perguntas mais profundas. O ímpeto para controlar os fins é bíblico? Se não, então de onde ele vem? Ao escolher o caminho comum, temos adotado uma compreensão mundana, quem sabe até antibíblica da vida e da liderança, quando examinadas à luz da ordem divina das coisas? Será que, sem percebermos, abandonamos os valores do reino ao tomar o caminho comum e definir o sucesso em termos de crescimento e expansão? Temos outra opção? Existe outro caminho?

Opção 2: O caminho do reino

Neste caminho, o sucesso é definido em termos de nossa obediência às instruções de Jesus Cristo nas quais Ele promete recompensa eterna. No caminho do reino, nós, como seguidores de Cristo, nos tornamos menos preocupados com os resultados que não podemos controlar, pois nossa principal preocupação é a obediência. Nossa atenção muda do que estamos fazendo para Deus, para o que Deus nos pede que façamos e o que Ele deseja realizar em nós e por meio de nós. O primeiro caminho representa os resultados que achamos que podemos gerar tomando o caminho comum, o último reflete os resultados do reino, que Deus produz por meio de seguidores fiéis.

Como poderíamos medir o sucesso nessa linha de pensamento? O caminho do reino também usará três medições ministeriais — pessoas, instalações e finanças — mas o fará de forma radicalmente diversa. Cada uma delas se relacionará a indivíduos, bem como a congregações e organizações:

(1) Medições quantitativas, que contam clientes ou as pessoas a quem se serve, são substituídas por medições qualitativas de nossa própria fidelidade em atender a necessidades (*Quanto?* versus *Quão bem?*). (2) O foco na expansão das instalações muda para ponderar sobre nossa efetividade em administrar os recursos que temos (*Como construir mais?* versus *O que estamos fazendo com o que temos?*). (3) O impulso para o crescimento financeiro e segurança que cresce sob o disfarce de sustentabilidade é suplantado pelo desejo de manter uma postura de dependência de Deus (*Como podemos garantir nosso presente e nosso futuro?* versus *Estamos confiando em Deus para*

prover nossas necessidades atuais e para as futuras, colocando em ação o que Ele já nos deu?).

Como seria tomar essa direção atualmente? O seguidor de Cristo que escolhe o caminho do reino corre impetuosamente contra o vendaval da mentalidade do caminho comum, que domina a cultura das igrejas e ministérios. Vejamos os mesmos cinco traços que surgem de definir o sucesso em termos de obediência aos ensinamentos de Jesus. A tabela abaixo nos dá um esboço de cada um deles; suas descrições vêm a seguir.

O CAMINHO DO REINO
Liderança baseada na mordomia
Estratégias focadas na fidelidade
Medição orientada por princípios eternos
Gestão baseada em relacionamentos
Visão dos recursos guiada pela mordomia

Liderança baseada na mordomia

Os líderes-mordomos não são guiados pela produção. São seguidores de Cristo que dependem de Deus para produzir. São recrutados de acordo com seu caráter semelhante a Cristo e avaliados de acordo com sua habilidade de conduzir uma organização de forma que reflita valores, estratégias, planos e ações centrados em Jesus (1 CORÍNTIOS 4:1,2).

Estes líderes põem de lado a necessidade de aumentar sua reputação, recompensas financeiras e renome organizacional e são motivados pela promessa de recompensa eterna atrelada à fidelidade. Enquanto os líderes orientados pela produção se concentram nos fins e são celebrados por entregar resultados, os líderes-mordomos focam no alvo da resoluta obediência às instruções do Mestre e lhe dão a glória por qualquer fruto que Ele produza.

Isso não quer dizer que os líderes orientados pela produção não sejam obedientes, ou que os líderes-mordomos não reportem resultados mensuráveis de crescimento e aumento de impacto. A diferença crucial é a força que os move. Os líderes-mordomos não podem ser guiados pelo crescimento da igreja ou expansão do ministério e, simultaneamente, pela obediência. Um dos caminhos sempre assumirá prioridade sobre o outro! Precisam escolher qual seguirão.

Estratégias focadas na fidelidade

Os líderes-mordomos, unicamente motivados pela obediência, adotam estratégias que se concentram na fidelidade. Como Jesus, eles desejam que o Pai lhes diga o que dizer e o que fazer (CF. JOÃO 5:19; 14:10). Sua principal estratégia é discernir e cumprir a vontade de Deus. Eles servem com transparência humilde, por amor e com responsabilidade na prestação de contas. Entendem que as instruções de Jesus nos dão um modelo para que façamos o mesmo e para que exortemos os outros a segui-las enquanto servem a Cristo.

Esse tipo de líder também crê que as boas obras que ele e outros fazem na igreja ou ministério são sem valor diante de Deus, a menos que tenham sido geradas pelo Espírito Santo. Eles estão determinados a abraçar estratégias que se concentrem na fidelidade porque percebem que, ao longo do tempo, a obediência é o único caminho para se produzir resultados do reino. Em termos bíblicos, eles percebem que nenhum galho pode gerar frutos a menos que se mantenha ligado à videira

(JOÃO 15:4). Entendem que o fruto não é consequência de nossos esforços estratégicos, mas, ao contrário, os frutos do reino advêm de nossa obediência.

Medição orientada por princípios eternos

Os líderes-mordomos usam métodos de medição orientados por princípios eternos para avaliar a efetividade das estratégias focadas na fidelidade. Eles tendem a ser mais qualitativos do que quantitativos. Por exemplo, Jesus chamou os doze discípulos e os instruiu a fazerem discípulos. O Mestre definiu o discipulado não com objetivos evangelísticos quantificáveis (como números de almas salvas), mas com o imperativo qualitativo de que ensinassem as pessoas a observar, ou obedecer, tudo o que Jesus lhes ensinou (MATEUS 28:19,20). Outra diferença importante é que os sistemas de mensuração orientados pela eternidade avaliam o crescimento no reino de Deus, não num reino terrenal.

A chave para se apoderar de medições orientadas por princípios eternos é a percepção de que o quantitativo é subordinado ao qualitativo. Não seria por isso que a Igreja Moderna tem tantos cristãos professos e tão poucos discípulos de Jesus Cristo? Será que temos nos concentrado em decisões contáveis, em vez de fazer discípulos? Os líderes que adotam a medição orientada por princípios eternos irão transformar a cultura ministerial e moldar desde as políticas de recursos humanos até as decisões sobre como usar os bens ativos, parcerias e colaborações, administração da diretoria e práticas financeiras.

Gestão baseada em relacionamentos

As práticas de gestão nesse caminho se concentram na qualidade dos relacionamentos, mais do que na quantidade de produtividade. De forma simples, o desejo de Jesus é que sejamos conhecidos por nosso amor, não por nossos números (JOÃO 13:35)! Isto não significa que medições claras de desempenho sejam lançadas ao mar — na verdade é bem o oposto. A gestão voltada para relacionamentos vê as pessoas como filhos de Deus e não como componentes em um processo de produzir um resultado final tangível na busca por uma estratégia de crescimento e expansão.

Os líderes-mordomos demonstram respeito às pessoas, como peregrinos e companheiros na jornada da vida, ao servi-los com humildade em vez de agirem como seus senhores. Ao fazê-lo, eles exigem valores centrados em Cristo na comunidade. Em vez de amarem o dinheiro e usar as pessoas a fim de produzir resultados, eles demonstram amor às pessoas e uso obediente do dinheiro de acordo com as instruções do Mestre. Sua identidade está enraizada em Jesus Cristo, não em posição ou proeminência. Eles confiam que Deus os guiará e abençoará seu ministério como melhor lhe aprouver, enquanto os filhos de Deus continuarem a buscar a obediência.

Visão dos recursos guiada pela mordomia
Os líderes-mordomos se relacionam com os recursos humanos e financeiros, em seu modelo de gestão, como mordomos, não como proprietários. Eles ajudam as pessoas a discernir seus dons espirituais e a se empenhar no serviço do reino (2 TIMÓTEO 1:6). Os colaboradores são contratados de acordo com seus talentos, e promovidos e recompensados por sua fidelidade.

A mordomia dos recursos financeiros está ligada a colocarmos os nossos recursos em ação. Os líderes-mordomos não veem os bens ativos como fonte de segurança ou meios de produção. Ao contrário, buscam a orientação de Deus quanto à forma mais fiel e adequada de empregar Seus recursos. Demonstram generosidade e desdém bíblico pelo acúmulo, com o cuidado de jamais permitir que a segurança ou a esperança do ministério se transfira de Deus para a quantidade de seus recursos. Resumindo, os líderes que trilham esse caminho não admitem que a igreja ou o ministério em que atuam deixem de servir a Deus para servir ao dinheiro.

Resumo: O caminho do reino

Quando os seguidores de Cristo escolhem o caminho da obediência, sua motivação principal se torna alcançar a recompensa eterna, mais do que atingir alvos terrenos. Essa inversão de prioridades influencia todo o restante de sua vida e liderança. Neste caminho, os líderes-mordomos são contratados por seu caráter semelhante a Cristo e avaliados por manter a igreja ou ministério alinhado ao propósito divino. Eles objetivam, estrategicamente, a fidelidade e avaliam os esforços com sistemas de medição que sejam qualitativos e orientados por princípios eternos. Tais líderes valorizam as pessoas e os recursos de maneira que reflete sua obediência aos ensinamentos de Jesus, independentemente dos resultados.

Cremos que o caminho do reino expressa as instruções bíblicas para todos os seguidores de Cristo. É preciso fé para implementá-lo. Embora essa abordagem possa ser geralmente aceita, em princípio, ela não é amplamente praticada.

Explorando o caminho do reino e fazendo a escolha

Convidamos você a se unir a nós na exploração do caminho do reino. João Calvino sugeriu que essa atividade nos ajuda a permanecer nos trilhos: "Aquele que aprendeu a olhar para Deus em tudo o que faz está, ao mesmo tempo, afastado de todos os pensamentos vãos".[4] A melhor forma de evitar ciladas, desvios desnecessários e andar em círculos no ministério é considerar atentamente as instruções estabelecidas para nós nas Escrituras. Isso inclui testar as práticas mundanas vigentes à luz da Palavra de Deus. No entanto, nossa exploração não deve deter-se aí. Esse conhecimento deve nos conduzir a tomar decisões difíceis, independentemente do que os outros estejam fazendo. O caminho comum é assim chamado porque muitos estão andando por ele. Seguir a Cristo requer que caminhemos em direção contrária à da multidão. Tomar decisões é importante na fé cristã. Poucos expressam o que isso significa de forma mais poderosa do que o autor Chuck Colson:

> Nesta noite, você precisa escolher. Cada homem, mulher, menino e menina terá de tomar uma decisão entre o prazer e Cristo, diversão e Cristo, popularidade e Cristo, dinheiro e Cristo. Seja o que for que está o afastando do reino de Deus. Você precisa decidir hoje à noite e se porventura se recusar a fazer sua escolha, este ato, em si mesmo, atestará que a escolha já foi feita.[5]

Alguns escolheram seguir o caminho do reino. Outros tantos optaram pelo caminho comum, que se conforma com os padrões e práticas deste mundo. Começando hoje, nós o convidamos a se unir a nós nessa jornada que o levará ao caminho do reino. Por que tomar essa decisão hoje? Porque cremos que o caminho do reino representa a única rota na qual poderemos fielmente buscar os resultados do reino.

Não importa o que os outros digam ou façam, estamos convocando o povo de Deus — de pastores a membros, e de executivos a empregados — a definir sucesso em termos de obediência aos ensinamentos de Jesus. E, como temos observado, essa escolha não somente moldará toda a vida e liderança, mas influenciará cada aspecto do ministério e a frutificação que a sucederá.

Quando adotamos o caminho do reino, tudo muda: as perguntas, a mensuração, o enfoque, as estratégias e a cultura. Toda a atenção passa a se direcionar ao todo de Deus, porque a essência é a obediência. Podemos argumentar sobre o porquê precisaríamos de qualquer outra definição?

O quadro abaixo resume tudo o que tratamos até o momento. Em qual caminho você está? Qual lista melhor descreve sua igreja ou ministério? Oramos para que você faça uma avaliação honesta de suas atitudes e práticas e para que busque a orientação divina para o caminho que tem pela frente.

O CAMINHO COMUM	O CAMINHO DO REINO
Liderança guiada pela produção	Liderança baseada na mordomia
Estratégias baseadas na expansão	Estratégias focadas na fidelidade
Medição orientada por princípios terrenos	Medição orientada por princípios eternos
Gestão baseada em resultados	Gestão baseada em relacionamentos
Visão utilitária dos recursos	Visão dos recursos guiada pela mordomia

No próximo capítulo, esboçaremos o que cremos ser a raiz desse desejo por mostrar resultados crescentes. Também sugeriremos formas como nós, seguidores de Cristo, podemos permanecer obedientemente no caminho do reino.

Capítulo 2

As mentiras do inimigo: Três tentações que todos nós enfrentamos

*Se você ler história, descobrirá que os cristãos
que mais fizeram pelo presente mundo
foram aqueles que mais pensaram no porvir...
Foi desde que os cristãos pararam de pensar no outro
mundo que se tornaram ineficazes para este.
Faça do céu seu alvo e herdará a Terra:
Almeje a Terra e não terá nenhum dos dois.*[6]

C. S. LEWIS

O que estamos visando?

Desde o princípio da criação, o inimigo mente para nós. Ele mentiu para o primeiro casal, prometendo-lhes igualdade com Deus. Enganou reis e governantes de Israel e Judá, no Antigo Testamento, para que pensassem que ceder e se misturar com as falsas religiões os levaria à paz e à prosperidade. Levou sacerdotes e profetas, líderes militares e o povo em geral a pensar que a realização de rituais vazios agradava a Deus.

As Escrituras o chamam de "pai da mentira" e quando caímos em suas armadilhas, limitamos nossa eficácia aqui na Terra. Quando ele consegue nos fazer mirar o alvo errado, sempre perdemos o objetivo certo!

Mesmo correndo o risco de sermos simplistas, cremos que podemos resumir a essência de sua história de engano em três categorias: controle, idolatria e orgulho. Estes estão listados em termos sinônimos em 1 João 2:15-17 como "a concupiscência da carne, a concupiscência dos olhos e a soberba da vida".

> *Não ameis o mundo nem as coisas que há no mundo.*
> *Se alguém amar o mundo, o amor do Pai não está nele;*
> *porque tudo que há no mundo, a concupiscência da*
> *carne, a concupiscência dos olhos e a soberba da vida, não*
> *procede do Pai, mas procede do mundo. Ora, o mundo*
> *passa, bem como a sua concupiscência; aquele, porém,*
> *que faz a vontade de Deus permanece eternamente.*

Curiosamente, João coloca esses três pecados — controle, idolatria e orgulho — em contraste com aqueles que obedecem à vontade de Deus e, desta forma, esses três pecados espelham as tentações sobre as quais Jesus venceu antes de Seu ministério terreno. Eles também aparecem como portão de entrada para o caminho comum.

Será que o inimigo tem sido eficaz em nos levar a adotar o caminho comum e, ao fazê-lo, na realidade desviou nossa energia e limitou nossa frutificação para o reino de Deus? Observemos mais atentamente cada um deles e o impacto que exercem sobre a obra do Senhor.

Engano n.º 1: Controle (a concupiscência da carne)

O primeiro engano parte de nosso desejo natural de autonomia. Gostamos de estar no controle, de administrar nossos interesses e determinar nosso próprio destino. Isso não é novo, pois vemos muitas pessoas caindo nessa tentação por todas as Escrituras.

A Adão e Eva foi prometido o poder do conhecimento do bem e do mal, poder para decidir por si próprios o que era bom e de tirar o controle das mãos de seu Criador. Em resposta ao Deus que lhes dera tudo o que poderiam desejar, eles agarraram a chance de julgar por si mesmos. Quando o fizeram descobriram que Deus, na realidade, escolhera o melhor para eles. Também entenderam que agora estariam vulneráveis ao mal que Deus, em Sua soberania, rejeitara para eles. Aquele casal ganhou o controle, mas perdeu a intimidade com o Senhor.

Como um exemplo na área da liderança, considere o papel de Moisés ao obter água para o sedento povo de Deus no deserto. Em Êxodo 17, o Senhor o instruiu a bater na rocha. A palavra hebraica para "rocha" naquele contexto geográfico indica um tipo de granito, pelo qual nenhuma água poderia correr por meio de uma batida. Assim sendo, atingir a rocha e ter a água fluindo dela foi um ato de obediência que trouxe glória a Deus. Moisés o fez e o resultado foi um verdadeiro milagre.

Em Números 20:1-13, o cenário era diferente. Deus disse a Moisés que falasse à rocha. Nossas traduções em português registram apenas "rocha", mas o termo hebraico usado nesta ocasião é relativo a uma pedra calcária. Por que isso é importante? Se alguém quisesse encontrar água naquela parte do deserto, poderia bater algumas vezes numa pedra calcária porosa. Ao contrário do granito, o bater funcionaria aqui. E foi isso que Moisés fez! Em vez de falar à rocha, ele bateu nela duas vezes. Sua desobediência demonstra que tomou a situação em suas mãos. Deus lhe dissera que falasse à rocha para que quando a água fluísse, o Senhor recebesse a glória novamente. Moisés foi desqualificado como líder, por ter ignorado as instruções divinas e assumido o controle da situação. Por toda parte, encontramos exemplos nas Escrituras em que o povo de Deus sucumbe aos sussurros do inimigo e tenta fazer as coisas acontecerem em suas próprias forças, ao invés de seguir as orientações divinas (por exemplo, Abrão e Sarai em Gênesis 16).

Com este primeiro engano vem o primeiro conflito entre os valores do mundo e os do reino de Deus. O primeiro se apoia na autonomia e coloca nosso destino sobre nossos ombros; ao passo que o último nos convoca a uma postura de dependência de Deus, rendendo-lhe o controle e o seguindo em obediência, enquanto Ele determina nosso futuro. Esse é um conflito fundamental. O povo de Deus não tem a opção de tanto eu/quanto Deus. Isso é verdade tanto para a vida quanto para a liderança.

Não podemos seguir Jesus em nossa vida pessoal, enquanto nos cenários profissional e ministerial agimos como se achássemos que nosso papel é exercer o poder, fazer as coisas acontecerem e nos apoiar em nossa própria força e habilidade. Por outro lado, como seria abrir mão desse controle? Para começar, requereria que rejeitássemos a primeira mentira do inimigo. No capítulo três, exploraremos mais a fundo essa tentação.

Engano n.º 2: Idolatria (a concupiscência dos olhos)

O segundo engano é a idolatria. Somos culpados deste pecado quando confiamos no que podemos ver em vez de confiar em Deus, a quem não vemos. Nossos ídolos são qualquer coisa da qual dependemos, em vez de depender de Deus. Como um líder já afirmou: "Nosso ídolo é qualquer coisa que usemos como uma rede de segurança em tempos de crise". Temos alguma outra rede de segurança, além de Deus? Para a maioria de nós, é o dinheiro ou os bens.

O dinheiro é algo que a maioria do mundo busca, pois dizem que ele resolve todos os problemas (ECLESIASTES 10:19). Não surpreende que a avareza e a cobiça estejam tão generalizadas. Por outro lado, na economia divina, a razão por que os seguidores de Cristo não devem acumular tesouros na Terra e nem se preocupar sobre o que comer, beber ou vestir é porque o Pai no céu sabe que precisamos dessas coisas e prometeu supri-las para aqueles que o buscam em primeiro lugar. Quando o povo de Deus coloca sua confiança nele, obedientemente, em vez de no dinheiro e Ele supre nossas necessidades e os recursos para nossa generosidade, toda a glória é dada ao Senhor!

Se alguma vez nos virmos necessitados de algo, não devemos olhar para o dinheiro, os bens, ou para as pessoas com dinheiro e posses como solução para nossos problemas, mas devemos olhar para o Pai. Colocar nossa esperança em qualquer outra coisa é pensamento idólatra! Se isso lhe soa desafiador, foi igualmente difícil para os primeiros discípulos aprendê-lo.

Considere o relato da alimentação das 5 mil pessoas, encontrado nos quatro evangelhos (MATEUS 14:13-21; MARCOS 6:30-44; LUCAS 9:10-17; JOÃO 6:1-14). Os discípulos achavam que a necessidade do povo faminto só poderia ser satisfeita se tivessem o equivalente ao salário de duzentos dias. A reação deles demonstra que achavam que o dinheiro era solução para aquela crise. Como Jesus lhes respondeu? Pegou o que eles tinham — cinco pães e dois peixes oferecidos por um menino — e orou. O Pai os multiplicou e lhes concedeu mais do que o suficiente para que o povo comesse.

Qual é a lição para os seguidores de Cristo? Se você precisa de algo, peça ao Pai. Não espere que o dinheiro resolva seus problemas. Você não pode servir a Deus e às riquezas. Não pode ter uma mentalidade voltada à abundância e à escassez, ao mesmo tempo. Deus é Deus de abundância e o pensamento mundano é ligado à escassez. Quando confiamos no que podemos ver, sempre teremos uma visão daquilo que nos falta. Quando colocamos nossa confiança no Senhor, descobrimos que a Sua abundância é incompreensível.

É aqui que as coisas ficam complicadas. Quando nós, como seguidores de Cristo, usamos os recursos financeiros que o Senhor nos supre de acordo com as instruções da Sua Palavra, isso parece poderoso. Neste ponto podemos, inadvertidamente, cair na armadilha de pensar que precisamos de mais dinheiro para sustentar o ministério. Isso nos leva ao pecado do amor ao dinheiro, que é a raiz de todo tipo de mal (1 TIMÓTEO 6:10). Os líderes cristãos não devem exibir esse vício (1 TIMÓTEO 3:3).

Quando pensamos sobre o amor ao dinheiro, normalmente vemos avarentos magnatas de Wall Street, déspotas materialistas ou personagens egoístas como o Scrooge de *Um conto de Natal*, escrito por Charles Dickens. Para aprimorar sua compreensão deste ponto de vista bíblico, considere esse exemplo do primeiro século:

> *[Aqueles] que estão possuídos por essa grave enfermidade [o amor ao dinheiro], embora não possuam riquezas próprias para a qual possam render adoração como é devido, prestam altas homenagens às riquezas de seu próximo, e vêm de madrugada à casa dos que têm em abundância dela, como se fossem grandes templos onde fazem suas orações e imploram por bênçãos de seus mestres, como se eles fossem deuses. Para esses Ele diz: "Não seguirás os ídolos e não farás para ti deuses de fundição". Desta forma, lhes ensina de maneira figurada, que não é apropriado que se preste honras às riquezas* (FILO, LEIS ESPECIAIS I, 24.3).

O mais assustador é como essa descrição de um contemporâneo de Jesus se parece com a atividade de alguns pastores e líderes modernos que creem que servir pessoas ricas é a forma de conseguir o que eles acham que suas congregações ou organizações precisam para expandir o ministério. Certamente há uma forma bíblica, e que honra a Deus, de convidar o povo de Deus a participar da obra do Senhor por meio de ofertas, mas, mesmo assim, jamais devemos crer que nosso ministério depende dessas ofertas. Fazer isso é cair numa armadilha. Filo chama essa prática do que realmente é: idolatria.

Como líderes devemos ser livres do amor ao dinheiro e resistir à tentação de confiar no que vemos. Esta tentação levanta sua face horrenda quando discutimos tópicos como arrecadar fundos e manter a sustentabilidade financeira. Estas podem parecer estratégias financeiras, no entanto, o inimigo pode distorcer nossas atitudes com relação a elas e nos colocar em perigo de confiar nas finanças e não no Pai.

Como resistimos a essa tentação em nossa vida e liderança? Voltaremos a essa questão no capítulo quatro, quando consideraremos como Cristo a enfrentou e a venceu.

Engano n.º 3: Orgulho (a soberba da vida)

O terceiro engano joga com o nosso desejo por aceitação das pessoas. Simplificando: nós gostamos que gostem de nós. O desejo por aceitação não é uma qualidade negativa, mas quando o orgulho dita nossa a motivação, até mesmo nossas boas intenções se tornam distorcidas. Aqui, novamente, vemos um grande choque de valores.

Fomos criados para ter nossa identidade ancorada somente em nosso relacionamento com Deus, por intermédio de Jesus Cristo. Quando buscamos a nossa aceitação apenas em Deus, nos firmamos em uma rocha firme, em meio a um mundo de areia movediça. No entanto, quando buscamos o aplauso de outras fontes, na realidade, estamos abrindo mão do lugar seguro em Cristo e o substituindo pela fama precária e momentânea que queremos obter o tempo todo. Isso nos compromete a uma vida dominada pela busca de elogios que alimentem o nosso desejo de sermos aceitos e amados. Isso é trágico!

Na ausência da certeza do amor de Deus por nós, nossa alma anseia pela confiança de que somos pessoas dignas e que nossa vida tem significado. Neste engano, o inimigo nos prende a buscar o desempenho como se estivéssemos numa esteira elétrica, numa busca infinita por afirmação pessoal. E Deus está lá, o tempo todo, estendendo Seu amor incondicional e nos oferecendo o que não podemos encontrar fora dele.

Como indivíduos podemos cair como presas nessa tentação ao buscar nossa afirmação pessoal em fontes alheias a Cristo. Desta forma, o ministério e líderes de igreja podem permitir que a inveja, o desejo pela adoração mundana, a busca por reputação e o anseio por aceitação dirijam suas agendas. O que acontece quando uma equipe de líderes encontra sua identidade somente em Cristo? No capítulo cinco discerniremos como Jesus resistiu ao mesmo engano e nos mostrou o curso a ser tomado quando somos tentados dessa maneira.

Próximos passos

O encanto do controle, a sedução da idolatria e o anseio orgulhoso por autoafirmação, formam a pauta do inimigo. Jesus oferece um caminho diferente: confiar em Deus de todo o coração, servir a Ele somente e basear nossa identidade em nosso relacionamento com Ele. A grande batalha espiritual está associada a estas questões, conforme ilustrado abaixo.

TRÊS TENTAÇÕES: CONTROLE, IDOLATRIA E ORGULHO		
ENGANO N.º1	ENGANO N.º2	ENGANO N.º3
"A concupiscência da carne"	"A concupiscência dos olhos"	"A soberba da vida"
Quem está no controle?	A quem servimos?	Em quem baseamos nossa identidade?

Devido a essa agenda abrangente do inimigo e aos ensinamentos bíblicos de como se opor a ela, não deveria nos surpreender que em seu encontro face a face com o Filho do Deus vivo, o inimigo tenha atacado nessas mesmas frentes.

Em Lucas 4:1-13 (E MATEUS 4:1-11), o Espírito levou Jesus para o deserto pouco antes do início de Seu ministério terreno. Depois que Cristo jejuou por quarenta dias e noites, o inimigo tentou persuadi-lo com esses três enganos. Por sua vez, Jesus, carregando nossa humanidade, resistiu a todas elas e proclamou a vitória sobre o diabo. Essa vitória de Cristo é nossa também, está-nos disponível todos os dias somente no poder do Espírito Santo.

Cremos que essas tentações tenham sido registradas para que entendamos a pauta de nosso inimigo. Como povo de Deus, devemos seguir os passos dados por Jesus em nossos confrontos com o diabo porque ele não desiste de nos tentar. O inimigo usa nossa cultura pecaminosa com seus valores decaídos para criar uma cortina de fumaça ao redor da verdade. Isso distorce a clareza dos valores do reino, causa confusão em nossas alianças e torna obscura a ética do reino do Senhor aos olhos do povo de Deus. Infelizmente, ele já desviou a muitos.

Nos próximos três capítulos, veremos de que maneira Jesus reagiu a essas tentações. Examinaremos como elas se apresentam no contexto de como nós, como líderes de igrejas e ministério, tomamos decisões, estabelecemos prioridades, usamos recursos, desenvolvemos estratégias e, acima de tudo, definimos sucesso.

Cremos que o grande desafio que as igrejas e os ministérios cristãos enfrentam pode estar ligado ao nosso fracasso diante das três tentações que Jesus venceu por nós. Ao entender Sua resposta a cada uma delas, descobrimos nossa necessidade de arrependimento e de poder para prevalecer em nome de Jesus.

Capítulo 3

Pedras em pão: A tentação do controle

Jesus, cheio do Espírito Santo, voltou do Jordão e foi guiado pelo mesmo Espírito, no deserto, durante quarenta dias, sendo tentado pelo diabo. Nada comeu naqueles dias, ao fim dos quais teve fome. Disse-lhe, então, o diabo: Se és o Filho de Deus, manda que esta pedra se transforme em pão. Mas Jesus lhe respondeu: Está escrito: Não só de pão viverá o homem.

LUCAS 4:1-4

Jesus é descrito como cheio do Espírito Santo e guiado pelo mesmo Espírito ao deserto. O propósito do deserto aqui é alvo de grande debate, mas muitos concordam que ele representa um lugar de provação: o local onde a verdade sobre a pessoa viria à tona! Nele, o tentador levantou a questão da necessidade de Jesus seguir a orientação do Pai em todas as coisas.

Jesus tinha o poder de fazer o milagre acontecer: Ele era o Filho de Deus. Também precisava que o milagre acontecesse:

estava faminto. Além disso, a sugestão de fazer um pouco de pão a partir de pedras parecia ser inocente. *Você tem o poder. Tem a necessidade. Aja em Seu favor e faça a refeição. Alimente--se!* À primeira vista, pode parecer difícil ver o que estava em questão. Porém, ao considerarmos a resposta de Jesus, a situação fica mais clara.

Cristo mencionou a história da provisão do maná no deserto. Relembrou a exortação de Moisés de que os filhos de Israel não se esquecessem do Senhor e de Sua bondade (DEUTERONÔMIO 8:3). Deus permitiu que eles sentissem fome para que pudessem aprender a confiar nele para alimentá-los, não apenas com comida física, mas também com Suas palavras. Deus queria que eles desejassem Suas palavras em seus corações mais do que comida em seus estômagos. Se eles buscassem fielmente o primeiro, o Senhor sempre lhes proveria o alimento físico.

O plano divino, lá no deserto, era revelar o que estava no coração deles. As temporadas de provação revelam exatamente isso. O Senhor estava questionando a aliança selada entre eles, de se render à Sua direção e senhorio. Esse é o resultado que Deus quer de cada um de nós. Ele desejava que o povo não desse um passo sem buscar Sua face, e procurava produzir neles um coração que seguisse os Seus mandamentos em total e alegre obediência. Tudo isso estava no simples mandamento de Moisés de que eles se lembrassem do Senhor. Por quê? Como disse Moisés: "Cuidareis de cumprir todos os mandamentos que hoje vos ordeno, para que vivais..." (DEUTERONÔMIO 8:1). A vida, como planejada por Deus, pode ser experimentada somente por meio da obediência.

Com essa tentação, o inimigo queria separar Jesus do Pai. Cristo exerceria Seu próprio poder e satisfaria Suas necessidades, mesmo por algo tão básico quanto o alimento? Ou Sua vida e ministério seriam marcados pela confiança no Pai para suprir Suas necessidades nas bases do próprio Pai? No relato de Mateus, a reação de Jesus contém Sua resposta. Ele proclama o que irá sustê-lo por todo Seu ministério, a saber, "...toda palavra que procede da boca de Deus" (MATEUS 4:4).

Em certo sentido, aprendemos com essa tentação que Deus sempre tem uma história maior do que podemos ver acontecendo. A estratégia do inimigo é nos fazer concentrar no que é imediato, urgente e necessário e nos levar a tomar as questões menores em nossas próprias mãos. A tentação é para que se perca de vista a grande obra que está acontecendo. Quando a perdemos, cooperamos com o inimigo e, pior ainda, substituímos a dependência do Pai pela a autoconfiança independente.

Transformar pedras em pão poderia ser considerado, no máximo, um movimento levemente presunçoso, no entanto, as implicações eram muito mais abrangentes. Deus estava reescrevendo a história (*ou redimindo a história!*) por meio da vida, morte e ressurreição de Seu Filho, Jesus. O que estava em jogo não era só um pequeno lapso de confiança, num momento de necessidade física, mas o comprometimento da história da redenção. Satanás queria que Jesus pensasse apenas no reino físico imediato, mas a réplica de Cristo trouxe a história principal para o cenário.

Ao rejeitar a tentação, Jesus confronta o valor mundano e o substitui com a ética do reino. Ele rejeita a proposição de que fomos criados como entidades independentes que lutam e prevalecem melhor quando mantêm para si mesmos o maior controle possível sobre sua própria vida.

Aplicação pessoal

A decisão de resistir à tentação do controle impacta tudo que pensamos, dizemos e fazemos. Trabalhamos incansavelmente para remover as variáveis e ganharmos influência e capacidade de manobra na tomada de decisões. A ideia de que abriríamos mão do controle, voluntariamente, e o substituiríamos, com humildade intencional, pela dependência absoluta do Deus a quem não podemos ver, é considerada absurda diante de nossos hábitos culturais. E mesmo assim esse é o curso que Jesus delineia, e ao fazê-lo Ele inaugura um valor do reino para todos os que tomam sua cruz e o seguem.

Nossa sociedade é sedenta pela autonomia e desenvolvimento individual do caminho comum. Por outro lado, Jesus nos chama a descansar nos cuidados do Pai. O que faremos? Estamos experimentando a libertação que a vida de confiança traz?

Outros já se agarraram a essa liberdade, ao longo da história da Igreja, como, por exemplo, Andrew Murray que escreveu: "É porque os cristãos não conhecem sua própria relação com Deus, como sendo de absoluta pobreza e fraqueza, que não têm o senso de necessidade absoluta e dependência irrestrita, ou da bênção indizível da contínua espera em Deus"[7]. Da mesma forma o Irmão Lawrence nos escreveu essas palavras de encorajamento:

> Temos um Deus infinitamente gracioso e que sabe tudo o que precisamos. Eu sempre achei que Ele

> nos reduziria a extremos. Deus virá em Seu próprio tempo e quando menos esperarmos. Espere nele mais do que nunca; agradeça-lhe comigo pelos favores que Ele lhe dispensa, especialmente pela coragem e paciência que Ele lhe dá em suas aflições. Essa é uma evidência clara do cuidado que Ele lhe estende. Console-se nele, então, e dê-lhe graças por tudo[8].

Esses e outros líderes aprenderam sobre aquilo que só pode ser compreendido ao se seguir o exemplo de Jesus, por meio da obediência gerada pelo poder do Espírito, diante da tentação. Ao refletir sobre essa tentação e a postura daqueles que escolheram o caminho do reino, descobriremos que pelo menos três percepções emergem para nós.

Primeiro, *o inimigo nos atacará onde estamos mais fracos e vulneráveis, e, normalmente, onde não o esperamos: nas coisas pequenas!* O adversário quer que pensemos que podemos confiar em nós mesmos e sermos independentes nas coisas pequenas. Não podemos, e quando comprometemos nossa liderança tentando fazer as coisas acontecer em nome da conveniência (POR EXEMPLO, SAUL EM 1 SAMUEL 13:1-15), nos tornamos presa desta tentação. Por quê? Porque toda a vida e liderança cristã têm a ver com coisas pequenas!

Quando nos apoiamos em nós mesmos para as coisas pequenas, também traçamos um caminho para confiar em nós mesmos nas coisas maiores. Uma vez que tenhamos tomado as rédeas, não teremos outra opção a não ser buscar controlar nosso destino. Nossa empreitada por apresentar resultados nos levará a perder de vista a disciplina interior que Deus deseja desenvolver em nós, e o testemunho exterior que Ele pretende demonstrar por nosso intermédio.

Segundo, *esta tentação vem à tona quando há oportunidade de agarramos o controle em nossas mãos*. Ela apela ao nosso desejo de confiar em nossos próprios esforços, em nossa experiência, depender de nossa sabedoria e avançarmos baseados em nossos instintos e planos mais bem elaborados. Por exemplo, o apóstolo Paulo poderia ter confiado em sua própria eloquência para ensinar, mas sabia que se o fizesse, não haveria poder em sua mensagem (1 CORÍNTIOS 2:1-5).

Quando caímos nessa tentação, somos forçados à posição de ter de criar o crescimento da igreja ou a expansão ministerial. Temos de levantar dinheiro, apresentar números, cumprir prazos e superar os alvos, tudo em nossa própria força. Parece familiar?

Um pastor-presidente visitou a sala de seu diretor-financeiro e percebeu que o protetor de tela dele estampava mensagens no monitor do computador. Ficou chocado ao perceber que o diretor-financeiro havia colocado a frase: "Se tem de acontecer, sou eu quem devo fazer!". Esse lema caracteriza o pensamento entre muitos líderes ministeriais. Dizemos que confiamos em Deus, mas tomamos decisões e agimos de acordo com a filosofia daquele protetor de tela, baseados na autonomia.

Por último, *essa tentação nos compele a concentrar nossa atenção nas necessidades e a perder de vista o que Deus deseja para nossa vida e serviço*. Entendemos a grande história que Deus pode estar descortinando em nossa igreja ou ministério? O que o Senhor deseja nos ensinar que só pode ser aprendido por meio da absoluta obediência que desafia a lógica e requer nossa rendição para que se cumpra? O que Deus só pode realizar por meio dessa submissão a Ele e somente a Ele?

Deus nos chama a uma postura humilde porque sabe que esse é o campo de treinamento para Seus elevados propósitos (1 PEDRO 5:5-11). O que perdemos em nossa propensão para o controle é nosso envolvimento com essa história mais abrangente. Assim, deixamos de cooperar com Deus em Sua obra. Concentramo-nos nas pedras para atender às nossas necessidades urgentes e perdemos a história da redenção que o Senhor quer revelar em nós e entre aqueles a quem servimos. Essa história só é descoberta ao se confiar e obedecer a Deus.

Esses três valores do reino — obedecer nas pequenas coisas; confiar em Deus e não tomar o controle; e esperar que o Senhor revele a história principal — nos convidam a buscar, continuamente, a liderança do Espírito e seguir Sua orientação, mesmo quando parece que essa é a última coisa que devemos fazer. Vamos admitir — o mundo recompensa os fazedores de pão, mas o reino de Deus não é edificado por eles, mas por aqueles que confiam apenas nas preciosas palavras do Senhor.

Implicações para a liderança e serviço

Qual o conjunto de valores que está orientando sua liderança e serviço? Desde o início, afirmamos que nossa definição de sucesso nos lança em dois possíveis caminhos. Vamos refletir sobre isso à luz da primeira tentação.

Quando escolhemos o caminho comum e definimos sucesso em termos de expansão, nos fechamos em uma pauta. Para muitos de nós no ministério, seria muito difícil considerar que a vontade de Deus fosse outra coisa que não crescimento. Os planos estratégicos se moldam por essa pressuposição implícita, de maneira que só buscamos responder a questão: "Como Deus quer que cresçamos?", em vez de escolher o caminho da obediência, onde perguntaríamos: "Como seria se seguíssemos fielmente a Cristo?".

O impulso para fazer o crescimento acontecer também cria a cultura de que estamos prontos para comprometer a ética. *Quando nosso trabalho é guiado por sistemas de medição orientados pelo mundo e nossa política de emprego é determinada por avaliações focadas na produção, frequentemente seremos tentados a cumprir o expediente, em vez de sermos obedientes.* Como consequência, também podemos usar técnicas seculares para levantar fundos, mesmo que elas entrem em choque com os nossos valores, a fim de que consigamos assumir o controle e adquiramos os recursos que precisamos para estimular nossa expansão.

Podemos ser tentados a empregar padrões seculares à nossa administração financeira buscando mostrar o retorno esperado para nossas estratégias de crescimento. Também podemos ser seduzidos a transigir nossa comunicação, diluir nosso testemunho, retroceder em nos posicionar em assuntos explosivos e a tolerar o "desvirtuamento da missão" na busca por alcançarmos fins específicos. O caminho do reino visa nos proteger contra tal desvio.

Finalmente, podemos ser tentados a usar (ou, quem sabe, explorar) os recursos de Deus de maneira utilitária. Apenas perguntamos como os recursos humanos e financeiros nos ajudarão a alcançar nossos objetivos, em vez de como poderíamos executar nossas responsabilidades de mordomos em relação a eles.

Abdicar do controle: Obediência e planejamento estratégico

Consideremos, brevemente, a relação entre obediência e planejamento estratégico, e a tentação de assumir o controle. Quando seguimos o caminho comum, assumimos o controle, confiamos em nós mesmos para provisão e cumprimos estratégias para fazer as coisas acontecerem. Apresentamo-nos com nossos alvos grandiosos e audaciosos e esperamos que Deus os abençoe e financie. No entanto, não significa que só porque o alvo é grande e apenas possa ser alcançado com a ajuda de Deus, que este (o alvo) esteja alinhado à vontade do Senhor.

Por outro lado, os líderes-mordomos, que têm a mentalidade voltada ao reino, seguem a direção de Deus e buscam discernir Sua vontade, ligada ao que Ele tem provido. Eles seguem os processos de discernimento em grupo sugeridos pela autora Ruth Haley Barton e outros, por perceber que ter estratégias na liderança não está ligado a um plano estabelecido, mas, ao contrário, está em constante mudança.[9]

Isso explica porque as estratégias sempre devem estar ligadas à fidelidade aos ensinamentos de Jesus. Qualquer adaptabilidade em nossa liderança está aliada à nossa flexibilidade para encontrar contentamento e ser produtivo com o que Deus tem nos dado, em vez de, constantemente, nos concentrar naquilo que cremos que ainda precisamos.

A escolha

Há áreas em que estamos fazendo pães a partir de pedras em nossa igreja ou ministério? Nós avançamos com nossos planos e executamos nosso trabalho sem a direção do Espírito? O que significaria, para nós, viver unicamente de "toda palavra que procede da boca de Deus"? Conseguimos identificar áreas em que assumimos o controle? As nossas decisões nos levaram a nos desligar da maior obra de Deus?

Isso pode parecer rude, mas estamos exortando aos seguidores de Cristo, no ministério, a examinarem a si mesmos e verem como a tentação do controle ligada à busca dos fins pode estar contribuindo para resultados terrenos, em vez dos frutos do reino que Deus deseja produzir por meio de nossa obediência.

No capítulo 6, veremos em mais detalhes o que pensamos sobre o caminho da obediência, e no capítulo 7, forneceremos recursos práticos, aos nossos leitores, para que busquem os frutos do reino. Por agora, queremos expor a relação entre definir sucesso em termos de crescimento de igreja e expansão ministerial, característicos do caminho comum, e as tentações que cada um de nós, como seguidores de Cristo, enfrenta neste nível inicial. Se os líderes reagirem com arrependimento e humildade, podemos começar a ajudar nossas igrejas e ministérios a abandonar a submissão a essa definição perigosa e a identificar as situações em que abrimos as portas para abrir mão de nossos valores e danificar nosso serviço ao reino.

Temos a disposição de fazer a opção de andar no caminho do reino? Abdicar do controle e servir com humildade e depender de "toda palavra que vem da boca de Deus" requer rendição absoluta. O autor Henry Blackaby resumiu habilmente essa perspectiva:

> A rendição absoluta envolve abrir mão de nossos desejos, objetivos e preferências entregando-os a Deus, e em aceitar a vontade do Senhor, independentemente do quanto isso possa parecer difícil. Outra mudança que precisamos, para fazer a vontade de Deus, é chegar à posição de total dependência dele. Jesus disse: "Sem mim nada podeis fazer" (JOÃO 15:5). Como servos de Deus devemos estar em relacionamento íntimo com o Senhor para que Ele realize Sua obra por nosso intermédio. Devemos depender somente dele. Quando rendemos completamente nossa vida, nos tornamos totalmente dependentes dele, e entendemos que, fora dele, não podemos fazer nada. Precisamos aprender a viver em constante consciência de nossa dependência absoluta do Senhor se queremos que Ele cumpra Seu propósito em nós. Essa adaptação requer uma mudança de fazermos a vontade de Deus de acordo com nossas habilidades, dons, objetivos, do que gostamos ou não, para sermos totalmente dependentes de Deus, de Seu agir e recursos. Isso requer coragem e fé.[10]

Capítulo 4

Tudo isso te darei: A tentação da idolatria

E, elevando-o, mostrou-lhe, num momento, todos os reinos do mundo. Disse-lhe o diabo: Dar-te-ei toda esta autoridade e a glória destes reinos, porque ela me foi entregue, e a dou a quem eu quiser. Portanto, se prostrado me adorares, toda será tua. Mas Jesus lhe respondeu: Está escrito: Ao Senhor, teu Deus, adorarás e só a ele darás culto. LUCAS 4:5-8

Esta cena marca a segunda tentação. Note a mudança no cenário do texto. O local se transfere do deserto, um local de provação, para um lugar elevado.

Nos tempos bíblicos, os lugares altos eram onde as alianças eram declaradas, e construídos os altares para vários deuses. Os líderes de Israel e Judá que serviram a Deus com todo seu coração removeram todos os outros altares. Aqueles que não o serviam desta forma procuravam se garantir de qualquer forma, honrando a Deus e construindo altares a outros deuses, nos lugares altos. Esses outros altares representavam suas redes de segurança, caso Deus não viesse em seu socorro.

Neste lugar elevado, o diabo testa a lealdade Jesus ao Pai. O inimigo proclama que é dono de todos os reinos da Terra e que pode dá-los a Jesus, se Ele, tão somente, se curvar diante dele e o adorar. Satanás usa a linguagem de proprietário. No centro desta tentação está a negação da verdade evidente por todas as Escrituras: Tudo pertence a Deus! Como um vendedor de poções mágicas, o tentador oferece algo que não pode entregar, e para isso usa a linguagem de posse e poder. A etiqueta de preço é a adoração e o culto. Satanás pede a Jesus que o adore e o cultue nesse lugar alto.

Pelo fato de Jesus ser totalmente homem, Ele poderia ser tentado a se agarrar a essas coisas e à segurança que elas alegam possuir. O Mestre não foi enganado. Ele viu além das mentiras do diabo. No relato de Mateus sobre esta cena, Cristo responde empregando uma forte linguagem de reprovação: "...Retira-te, Satanás, porque está escrito: Ao Senhor, teu Deus, adorarás, e só a ele darás culto". Talvez a réplica de Jesus tenha sido tão pungente porque a idolatria ao materialismo — ou seja, de colocar a confiança no que podemos ver — seja a maior tentação que enfrentaremos como líderes-mordomos. Ela apela à nossa natureza decaída que deseja possuir as coisas para nós mesmos e protegendo-as dos outros. Ela também nos leva a seguir o senhor errado. Considere as palavras de Jesus em Lucas 16:10-15:

> *Quem é fiel no pouco também é fiel no muito; e quem
> é injusto no pouco também é injusto no muito. Se, pois,
> não vos tornastes fiéis na aplicação das riquezas de
> origem injusta, quem vos confiará a verdadeira riqueza?
> Se não vos tornastes fiéis na aplicação do alheio, quem
> vos dará o que é vosso? Ninguém pode servir a dois
> senhores; porque ou há de aborrecer-se de um e amar
> ao outro ou se devotará a um e desprezará ao outro.
> Não podeis servir a Deus e às riquezas. Os fariseus, que
> eram avarentos, ouviam tudo isto e o ridicularizavam.
> Mas Jesus lhes disse: Vós sois os que vos justificais a
> vós mesmos diante dos homens, mas Deus conhece o
> vosso coração; pois aquilo que é elevado entre homens é
> abominação diante de Deus.*

Temos sido fiéis na administração das riquezas deste mundo, ou as servimos como se fossem nosso senhor? Quais valores se evidenciam por nosso comportamento? Somos confiáveis em colocar os recursos de Deus em ação ou armamos redes de segurança financeira no caso de o plano do Senhor ser diferente do nosso?

Aplicação pessoal

Nesse texto, extraímos três ensinamentos a partir da resposta de Jesus a essa tentação e de Sua instrução para a vida do líder-mordomo. Primeiro, *não podemos servir a Deus e ao dinheiro, e ponto final!* A idolatria de ser proprietário nos põe em cativeiro. Tornamo-nos escravos das coisas que pensamos possuir.

Jesus veio para nos libertar a fim de que sirvamos como mordomos no mundo. Somos livres e guiados com o coração de um mordomo fiel que entende que tudo pertence a Deus. Neste paradigma, somente o Senhor recebe nossa adoração. Além disso, nossa obediência a Ele com respeito a nosso relacionamento com as riquezas é o fator decisivo que determina nossa posse das verdadeiras riquezas.

O segundo ensinamento, francamente, nos faz refletir. *Jesus não põe Sua confiança no que vê, ao passo que os líderes religiosos sim.* Os líderes religiosos neste texto, e muitos deles atualmente, são amantes do dinheiro. O que isso significa? Eles dobraram seus joelhos ao diabo, pensando que o dinheiro resolveria os desafios do ministério. Isso explica por que passam todo seu tempo perseguindo-o. Não surpreende que sejam retratados como devorando as casas das viúvas e exibindo suas vestes talares (MARCOS 12:38-40).

Em outro livro do Novo Testamento, Tiago falou contra o favoritismo na Igreja Primitiva. Por quê? Provavelmente, porque muitos achavam que os ricos possuíam a chave para o sucesso ministerial, quando somente Cristo deveria ser nossa esperança. Somos como aqueles líderes religiosos e outros que demonstravam favoritismos às pessoas de posse, evidenciando assim que também estamos entre os que amam o dinheiro?

A terceira lição está ligada à adoração e ao serviço. *Nos lugares elevados da vida, será que nossa adoração e serviço se transferiram para adquirir o que podemos ver, em vez de confiar no Deus a quem não vemos?* Nossa submissão foi transferida do Senhor para aquilo que podemos possuir? Nossa segurança está garantida pelas doações e não na dependência do Deus provedor? Será que só prosseguimos quando podemos ver o caminho e os meios de forma clara, por nós mesmos, ou confiamos no Senhor e vamos aonde quer que Ele nos chame?

Em resposta a essa tentação, Jesus não somente repreendeu o diabo, Ele citou o *Shemá*, o ensino central da lei no Antigo Testamento no qual todo menino ou menina judeu seria ensinado desde a infância. Ao citar Deuteronômio 6:13, Jesus proclamou que curvar-se ao inimigo mudaria tudo. Sua adoração e serviço seriam uma violação direta do princípio mais básico da Lei divina. Em termos modernos, Jesus disse: "De jeito nenhum!". E nós, dizemos o mesmo?

As implicações para a liderança e o serviço

Examinemos a relação entre essa tentação e a forma como definimos o sucesso. Quando tomamos o caminho comum, o dinheiro é a força motriz do ministério. É assim que deveria ser?

A noção mais nefasta que impera nos cenários das igrejas e ministérios atualmente é que, como líderes, normalmente pensamos que o dinheiro seja o que mais precisamos para tornar o ministério bem-sucedido. Dizemos coisas do tipo: "Se apenas tivéssemos R$ 50 mil, poderíamos…".

Assim como os discípulos acharam que o dinheiro era a resposta para alimentar as 5 mil pessoas, voltamo-nos ao dinheiro e ao poder que ele exerce, em vez de buscarmos o Deus que provê os recursos financeiros. Fazer tais afirmações revela que sucumbimos à tentação de crer que estamos no controle e que somos os proprietários. "Deus, perdoa-nos e ajuda-nos voltar nosso pensamento à direção certa."

Também precisamos cuidar com o modo de nos expressarmos. O uso da linguagem de posse nos conduz a um terreno escorregadio. Frases como "nossa igreja" ou "nosso ministério" revelam outra questão. Falar assim nos leva a um dos pecados mais hediondos do ministério cristão: em vez de amar as pessoas e usar o dinheiro, amamos o dinheiro e usamos as pessoas.

Quando, como líderes, nos vemos no controle e cremos que o dinheiro é tudo o que precisamos e que as pessoas produzem os resultados que desejamos para "nosso" ministério, estamos à beira do precipício do qual podemos cair facilmente. A. W. Tozer chamou isso de "monstruosa substituição":

> Dentro do homem há um coração empedernido,
> cuja natureza e intento é sempre possuir, possuir. Ela
> ambiciona as coisas com desejo arraigado e feroz... As
> coisas se tornam necessárias para nós, de um modo
> que jamais foi da intenção de Deus. Aqueles dons,
> portanto, tomaram um lugar que de direito, pertence
> a Deus, e todo o curso da natureza é transtornado por
> essa monstruosa substituição.[11]

Nós praticamos essa substituição quando falamos, agimos ou pensamos como se possuíssemos nosso povo, nosso trabalho, nosso sucesso, nossa reputação, nosso tempo e nossas posses. Ao fazê-lo, nos tornamos escravos de todos eles! Esse cativeiro não precisa ser nosso legado. Ele é a antítese da vida que Deus criou para nós. Se quisermos liderar em liberdade, somente poderemos encontrá-la no caminho do reino que é compelido pela obediência.

Quando adoramos a Deus e servimos unicamente a Ele, preservamo-nos de sermos escravizados por outros senhores. Como seguidores, não somos estimulados a possuir, mas a amar e a servir de acordo com as instruções de nosso Mestre e no ritmo de Sua provisão.

A obediência a Deus e o alinhamento de nossas estratégias com as Escrituras nos colocam na posição de colher os resultados, ou frutos, do reino. Isso não quer dizer que não teremos dificuldades. Simplesmente significa que não tentaremos usar as pessoas ou o dinheiro para alcançar nossos objetivos. Ao contrário, convidaremos outros a participar conosco na obra de Deus como mordomos fiéis e discípulos obedientes. Dentro dessa perspectiva, os discípulos serão abençoados, o ministério será cumprido e Deus receberá toda a glória. As pessoas a quem servimos perceberão quando forem tratadas dessa forma!

Rejeitando os ídolos: obediência e sustentabilidade

No que depositamos nossa confiança para sustentabilidade? Quando a diretoria de nossa igreja e a liderança do ministério falam sobre sustentabilidade, normalmente se referem a ela como sustentabilidade financeira. Esses termos refletem algum pensamento idólatra? Reconhecemos que a sustentabilidade pode ter um significado positivo, quando é definida como ter reservas adequadas para financiar os projetos restritos e as conhecidas oscilações cíclicas na receita. Essa pode ser uma prática adequada de mordomia. No entanto, como dissemos anteriormente, ela se torna idólatra quando a sustentabilidade é sinônimo de dependência do dinheiro para sustentar o ministério. Biblicamente falando, nosso gerenciamento fiscal deve objetivar fazer o que é certo diante de Deus e dos homens (2 CORÍNTIOS 8:21), enquanto mantemos uma postura de dependência do Senhor para nos prover de tudo.

A tentação para que nos voltemos a formas seculares para levantamento de fundos, planos de investimentos mundanos e o acúmulo de recursos sob o disfarce de planejamento sábio está sempre presente. Nesses lugares altos, revelamos que nossa confiança não está em Deus somente. Nossas redes de segurança demonstram que nos curvamos ao inimigo e ao reino que ele promete nos dar.

Queremos que o ministério no qual servimos permaneça no futuro? Jesus nos instrui a contar para Deus o que precisamos e a confiar em Sua provisão. Também convidamos o povo de Deus para se unir a nós em Sua obra e para confiar nele para mover nosso coração. Ao mesmo tempo, precisamos usar sabiamente o que Deus nos deu e estar satisfeitos com isso. Também devemos nos dirigir ao futuro, corajosamente, para onde Ele está nos chamando e confiar nele para nos sustentar. Tudo isso requer confiança.

Aprendemos essa verdade no Sermão do Monte. Jesus nos chamou para sermos livres de preocupações porque o cuidado divino é bom e digno de confiança. Também acrescentou que "os pagãos" se preocupam com o que comerão, beberão e vestirão (MATEUS 6:32). O que Jesus nos disse para fazer quando precisarmos de algo? Ele nos ordena a "pedir ao Pai" (MATEUS 7:7-11).

A sustentabilidade não se relaciona ao acúmulo de riquezas para garantir nosso futuro, a pretexto de economizar, mas tem a ver com uma postura de dependência do Pai. É isso que estamos demonstrando? Consideremos o que Tozer diz a respeito:

> O homem que possui uma falsa fé lutará por seu credo verbal, mas se recusará, categoricamente, a se permitir adentrar numa situação desagradável em que seu futuro dependa daquele credo ser verdadeiro. Ele sempre providencia para si rotas de fuga secundárias para que tenha um escape caso o teto desmorone. Atualmente, precisamos desesperadamente da companhia de cristãos que estejam preparados para confiar em Deus tão completamente agora, quanto sabem que precisarão fazer naquele último dia.[12]

A marca de um líder piedoso é onde ele coloca sua confiança. A nossa rede de segurança é uma pilha de dinheiro ou são as promessas de Deus?[13] Não há teste mais revelador do que este aplicado nos lugares altos.

A escolha

Qual caminho nossas ações revelam que estamos trilhando — o caminho comum ou o do reino — em conexão com a tentação da idolatria? Qual o testemunho que proclamamos com nossa adoração e serviço? Trilhar o caminho do reino requer determinação e fé. Para permanecermos no curso, precisamos permanecer no compasso do Espírito Santo. Também podemos ser chamados para nadar contra a maré, como a autora Jen Hatmaker observou recentemente:

> Numa cultura de adoração a heróis e "fazedores de chuva" extravagantes, esse conceito luta para emergir,

mas a história do povo de Deus engloba bilhões de pequenos momentos quando um cristão persistiu, perseverou e progrediu. O reino verdadeiramente avança na medida da obediência comum.[14]

A obediência exige a bravura divina de dizer "não" à tentação de colocar nossa confiança em qualquer coisa que não seja Deus, e "sim" para confiar e servir a Deus na forma como vivemos e lideramos. Agostinho exibiu esse tipo de determinação em sua vida e liderança. Ele nos deixou essa oração registrada em uma de suas cartas a um companheiro de peregrinação. Que ela nos encoraje a percorrer o caminho do reino!

Estes, ó minh'alma, são os sofrimentos reservados aos ricos. Eles são adquiridos com labor e mantidos com temor. São desfrutados com perigo e perdidos com pranto. É difícil ser salvo se os possuímos, e impossível se os amamos; e mesmo que os tenhamos em escassez, os amaremos excessivamente. Ensina-nos, ó Senhor, esta lição difícil: a administrar diligentemente os bens que possuímos e não desejar cobiçosamente mais do que tu nos dás.[15]

Capítulo 5

O salto para a fama: A tentação do orgulho

Então, o levou a Jerusalém, e o colocou sobre o pináculo do templo, e disse: Se és o Filho de Deus, atira-te daqui abaixo; porque está escrito: Aos seus anjos ordenará a teu respeito que te guardem; e: Eles te susterão nas suas mãos, para não tropeçares nalguma pedra. Respondeu-lhe Jesus: Dito está: Não tentarás o Senhor, teu Deus. Passadas que foram as tentações de toda sorte, apartou-se dele o diabo, até momento oportuno. LUCAS 4:9-13

O local das tentações mudou do deserto para o lugar elevado e, agora, para o pináculo do templo. O contexto também se transferiu de um lugar de provação para um de declaração de submissão e, por último, para o topo do Templo onde Deus deve receber a glória. Aqui encontramos a mais traiçoeira das insinuações. Satanás tentou Jesus usando, dentre tantas coisas que poderia escolher, as Escrituras.

Satanás sugeriu que Jesus se atirasse para baixo com a garantia de que os anjos o amparariam e o levariam gentilmente ao chão. Que grande forma de Jesus começar Seu ministério terreno! Essa proeza lhe traria ampla aclamação. Afinal, Ele é o Filho de Deus, e o Pai realmente ordenou aos anjos que o guardassem. Certo?

Parece que isso contribuiria para o plano geral também. Não haveria necessidade de confusões em cada cidade da Galileia. Ele poderia começar em Jerusalém, o centro da cidade a qual Ele veio redimir. Essa era uma chance de adquirir fama, popularidade, louvor, notoriedade e reconhecimento. Por que não o fazer?

Jesus citou novamente as Escrituras, advertindo o diabo nos mesmos termos que Moisés advertiu o povo de Deus: "Não tentarás o SENHOR, teu Deus..." (DEUTERONÔMIO 6:16). Se você ler esse versículo completo para colocá-lo no contexto certo, verá: "Não tentarás o Senhor, teu Deus, como o tentaste em Massá".

O que aconteceu em Massá? Se você voltar a Êxodo 17, descobrirá que o povo de Deus não foi nada cooperativo. Eles discutiram com Moisés e murmuraram contra Deus. Queixavam-se por querer voltar ao Egito. Em termos modernos, queriam as coisas do jeito deles e não do jeito de Deus.

Se Jesus tivesse sucumbido à tentação de atrair atenção para si mesmo por meio de um ato dramático, buscando o louvor dos homens, Ele teria se tornado alvo de nossa fascinação, mas não o Salvador de nossa alma. Cristo rejeitou o reconhecimento público e recusou-se a cair na tentação de ser exaltado por qualquer pessoa que não Deus. Ceder a essa tentação seria roubar a glória do Pai.

Aqui, novamente, vemos Jesus rejeitando um valor cultural e o substituindo pela ética do reino. Ele deixou de lado o caminho fácil, que é pavimentado com a gratificação imediata e o engrandecimento pessoal.

Jesus se tornou uma pessoa sem reputação, não se atendo nem mesmo à Sua divindade, mas esvaziou-se e conclama que Seus seguidores façam o mesmo (FILIPENSES 2:1-11). Ele teria somente uma fonte de afirmação pessoal, a voz de Seu Pai celestial. E para ouvir essa voz, Jesus rejeitou o desejo de almejar qualquer outro. Seu padrão era preciso. Ele diria que somente Seu Pai lhe ordenasse o que dizer e faria somente o que o Pai lhe dissesse para fazer.

Aplicação Pessoal

Essa última tentação traz à tona, para todos nós, três realidades. Primeiro, *nossas ações revelam a condição de nosso coração*. Será que nosso ímpeto por produzir resultados revela uma crença não declarada de que Deus precisa desesperadamente de nós? Cremos que se não ficarmos maiores e não fizermos mais a cada ano, de alguma forma a obra de Deus ficará arruinada?

Podemos não admitir abertamente, mas isso se evidencia em nossas cartas, nossos apelos por malas-diretas e outros meios de comunicação. O orgulho espiritual pode estar mascarado sob o disfarce de zelo ministerial. Infelizmente, para justificar nossa sede por elogios, podemos ser tentados a fazer exatamente o que o diabo nos seduz a fazer. Podemos usar as Escrituras erradamente para racionalizar nosso comportamento e manipular outras pessoas.

Segundo, *para evitarmos os efeitos prejudiciais do orgulho, devemos ver cada decisão como uma oportunidade para discernir qual é a agenda de Deus para a igreja ou ministério onde servimos pois, no fim das contas, tudo pertence ao Senhor mesmo.* Falando em termos práticos, Paulo se refere a isso como orar sem cessar.

Como reagimos quando temos a oportunidade de nos tornarmos famosos? Lançamo-nos à chance de receber glória instantânea para nós mesmos? Ou, numa postura de oração contínua, discernimos e resistimos a essa tentação? E se discerníssemos, por meio da oração, que deveríamos diminuir o ministério em 20% no próximo ano? Como responderiam nossa diretoria, funcionários e parceiros ministeriais, que doam e servem fielmente? E se crêssemos que Deus está nos chamando para abandonar nossa função sem termos outro emprego?

Estaremos em condições de ouvir, caso Deus deseje nos guiar dessa maneira? Nós e os que servem conosco, estamos dispostos a obedecer? Nosso maior obstáculo pode muito bem ser o orgulho corporativo que se recusa a permitir que o nosso ministério reporte outra coisa que não apenas o sucesso em controlar os fins e alcançar o crescimento.

Lembre-se, até mesmo os discípulos de Jesus discutiram a noção de torná-lo rei. Ele teve de lembrar-lhes, repetidamente, a abandonar o pensamento mundano por uma visão de reino que se submete à vontade do Pai. Semelhantemente, Paulo recebeu uma mensagem de Deus instruindo-o sobre onde ministrar e onde não ministrar (ATOS 16:7,8). Ele estava numa postura de ouvir e responder em obediência. Essas cenas, como a da tentação, foram registradas para nós. Seremos obedientes da mesma forma?

O terceiro ensinamento que recebemos desta tentação é que *Deus está no controle e que qualquer outro ponto de vista é resultado do orgulho*. Considere, mais profundamente, alguns dos resultados do reino advindos da recente crise econômica global. Muitos líderes cristãos expressaram que enquanto seguiram as orientações de Deus de diminuir em tamanho e orçamento durante o colapso financeiro, na realidade cumpriram sua missão central de forma mais eficaz.

Outros afirmaram que eliminaram os funcionários periféricos e programas que haviam existido durante os anos financeiramente positivos. Alguns até encontraram novas formas de colaborar e compartilhar recursos com outros ministérios que, anteriormente, eram vistos como concorrentes. A impressionante conclusão é que tais atividades seriam consideradas impensáveis se as demandas financeiras não os tivessem impelido a fazerem assim.

É realmente possível que Deus os estivesse conduzindo nessa direção durante seus anos de sucesso, mas foi necessária uma crise para provocar a atenção e a ação de líderes ministeriais. Por que foi preciso uma crise financeira para que as mudanças que resultaram em ministério mais eficiente e eficaz acontecessem?

Isso tem a ver com obediência. E é difícil cultivá-la num mundo orientado para a produção onde nos tornamos executivos orgulhosos que pensam que controlam os fins.

Implicações para a liderança e serviço

Como essa tentação se alinha à nossa definição de sucesso? Dissemos, desde o início, que quando o sucesso é medido em termos de crescimento da igreja e expansão ministerial, características do caminho comum, as igreja e ministérios contratam líderes orientados à produção. Estes implementam estratégias focadas na expansão, que é avaliada por sistemas de medição terrenos em uma cultura de gestão baseada em resultados e uma visão utilitária dos recursos. Imagine agora incluir uma submissão à posição, louvor e aplausos neste mix. Esta é a receita para um desastre!

A ética do mundo promove a competição como um estímulo para um desempenho melhor. Esse pensamento recompensa os esforços com elogios e reconhecimento. Esse é o principal propulsor no caminho comum. Quanto de nosso impulso para expansão está realmente entranhado do desejo orgulhoso de ser cada vez maior, mais estável financeiramente e proeminente do que outras igrejas em nossa comunidade ou ministérios em nosso setor?

Recentemente, um pastor sugeriu que se as igrejas atingissem certa quantidade de frequência, seriam sustentáveis. Também apresentou aquilo que, afirmava, serem as táticas comprovadas para fazer uma igreja crescer até aquele tamanho. De forma semelhante, uma líder de uma universidade cristã mencionou que sua instituição havia despendido uma década desenvolvendo uma fórmula. E afirmou que aqueles que a usam podem esperar atingir determinados alvos de matrícula e posicionamento no ranking institucional no país.

Essas perspectivas refletem um impulso de produzir resultados ou uma postura de obediência? Novamente precisamos esclarecer que o crescimento não é a questão. A mentalidade sobre a qual estamos advertindo é aquela que deseja que a expansão se torne a força motriz para o ministério. Quando isso acontece, a raiz do problema é o orgulho.

Reflita nessas perguntas: O que (ou quem) determina nossa identidade nesta vida? Nossa posição, e o prestígio e o poder que ela contém, determina nossa identidade? A base para nossa identidade está na nossa condição financeira e no que o dinheiro pode comprar? Ou associamos nossa identidade com nosso desempenho e o louvor que ele nos traz? Como seguidores de Cristo somos provados diariamente com essas e outras questões. Como as respondemos?

Podemos fazer as mesmas perguntas sobre os ministérios onde servimos. Temos a tendência de nos comparar questionando se somos tão grandes, tão estáveis financeiramente, se estamos crescendo tão rapidamente ou se somos tão reconhecidos quanto outros ministérios? De quem temos buscado nossa aprovação com essas declarações? Temos focado na proeminência de nossa igreja ou ministério, em vez da proeminência de Deus em tudo o que fazemos?

Cremos que a identidade firmada no lugar errado é a maior fonte de fracasso ministerial. Quando cedemos à tentação de sustentar nossa reputação, promover nossos planos e buscar o aplauso do mundo, podemos deixar de ser líderes eficazes no reino de Deus. Nossas ações revelam que estamos no caminho para o desastre, como Moisés, em Números 20, quando foi desqualificado por escolher sua forma de agir em vez do caminho de Deus.

Como seguidores de Jesus, nossa identidade pode ser encontrada somente em um lugar — em nossa condição de filhos de Deus, salvos pela graça e amados pelo Criador do Universo. O Senhor promete nos exaltar, mas somente se nos humilharmos e o servirmos em obediência.

A escolha

Há uma enfermidade que aflige pastores e líderes ministeriais. A maioria deles a admitiria, mas poucos iriam associá-la com o pecado de se dobrar a essa tentação. É mais ou menos assim: Líderes orientados para a produção são, por natureza, muito trabalhadores, às vezes até *workaholic*. Os membros de sua diretoria esperam que eles controlem os fins e reportem números positivos. Como tais, eles se movimentam para adotar escalas de trabalho sobrecarregadas que demandam que trabalhem longas horas ao custo de sua saúde e relacionamento familiar. Alguns até se vangloriam de não parar para descansar ou fazer exercícios físicos.

Todos somos culpados disso. Orgulhamo-nos de agendas cheias, que dão apenas uma pequena margem para Deus. E esperamos que os membros de nossa equipe façam o mesmo. Não necessariamente ditamos que seja assim, e não precisamos fazê-lo. Tudo isso pode ser ligado à escolha de seguir o caminho comum. Orgulhamo-nos de nossa produção. Quando precisamos do sucesso pelo bem do ministério e de nossa própria reputação, causamos danos em nossa família e nas pessoas a quem servimos.

Quer por orgulho ou medo, estamos *provocando* nossa própria morte. Mesmo que saibamos que, seja o que for que Deus nos chamou para fazer, Ele o faz com a expectativa de que cumpramos esse trabalho com excelência dentro de um compromisso de tempo que não nos desviará de uma vida equilibrada e saudável. Quando permitimos que nossos relacionamentos se tornem doentios, deixamos de fazer a vontade de Deus, não importa quanto fruto surja (MATEUS 11:28-30; MARCOS 6:31). Essa é uma dura realidade para muitos, talvez para a maioria de nós.

O missionário Hudson Taylor sugere que nosso fracasso em confiar na bondade de Deus e esperar nele nessa área crítica de tentação pode, na realidade, ser o que contribui para a falta de frutificação em muitos ministérios, atualmente.

> Desde o dia de Pentecoste, já aconteceu de toda uma igreja colocar de lado qualquer outra ação e esperar no Senhor por dez dias, para que o poder do Espírito possa se manifestar? Damos muita atenção ao método, maquinaria e recursos, e muito pouca à fonte de poder.[16]

Poderia a nossa orgulhosa autopercepção ser o nosso maior fator limitante (TIAGO 4:4-10)? Somos nosso pior inimigo?

Há profunda liberdade e paz em confiar nosso futuro ao Pai, em vez de tentar controlar nosso destino e vincular o nosso valor pessoal à nossa produção. Isso nos deixa livres para ouvir e ajudar outros a ouvir a Deus e a responder-lhe sem temor, independentemente de como Ele nos orientar. Ao fazê-lo, rejeitamos a tentação de sermos espetaculares; ao contrário, serviremos com paz, paixão e humildade.

É aqui que precisamos escolher. Como seguidores de Cristo devemos explorar este poder e operar desta posição pessoal de liberdade. Como cumpriremos essa tarefa? Inicialmente resistindo à provação como Jesus o fez e à tentação do orgulho e da fama. Devemos fazê-lo em cada circunstância, em cada momento do dia a dia.

Isso pode exigir que falemos a verdade em nossa cultura, de uma posição que demonstra uma saudável falta de preocupação sobre o que as pessoas possam pensar ou quem possa escolher abandonar os bancos de nossa igreja, como resultado disso. Se pararmos de contar os valores que temos na conta corrente, a frequência em nossas salas de aula e pessoas em nossos bancos como evidência de sucesso, teremos tomado o caminho certo e almejado, assim a obediência e a fidelidade serão nossa paixão propulsora.

Capítulo 6

Seguindo Cristo: Dez marcas do ministério cristocêntrico

Hoje obtivemos, sem nenhuma dificuldade, pela boa mão de Deus, instalações muito adequadas para a Lar da criança órfã. Se tivéssemos despendido muitos milhares de libras na construção de uma casa, dificilmente teríamos construído uma mais apropriada para esse propósito. Como a mão de Deus é evidente em todas essas questões! Como é importante deixar nossas preocupações, grandes ou pequenas, com Ele, pois Ele tudo faz bem! Se nosso trabalho é Sua obra, prosperaremos nele.[17] GEORGE MÜLLER

Esse capítulo contém as dez marcas que Cristo exibiu em Seu ministério terreno. Cada uma delas pode ser identificada na Igreja Primitiva por todo o Novo Testamento. Resumindo, cremos que esta representa a direção que Jesus estabeleceu para o ministério e o caminho que os primeiros discípulos trilharam.

Devemos considerar três hipóteses antes de explorarmos essas dez marcas. Primeira, *qualquer pessoa que deseje seguir a Deus e participar com Ele em Sua obra deve resistir às três tentações relacionadas ao controle, idolatria e orgulho.* Aqueles que não o fizerem, cairão na armadilha do diabo, adotando o modo de pensar do mundo e, provavelmente, terminarão como os religiosos do primeiro século: orgulhosos, controladores que amam o dinheiro. Nossa oração é que até aqui esse estudo tenha promovido o autoexame e, quando necessário, o arrependimento e a resolução de definir o sucesso nos termos do reino de Deus, em vez daquele do caminho comum.

Segunda, *essas dez marcas são formativas, não fórmulas.* Não são uma lista de coisas que devemos adquirir, nem uma fórmula mágica para o sucesso ministerial. Ou seja, elas são descritivas, não prescritivas. Elas marcaram o caminho de Jesus, que é importantíssimo que compreendamos, especialmente à luz de Seu abrangente imperativo: "Siga-me". Pelo fato de que "seguir" é um processo, sugeriremos práticas formativas com cada uma das dez características para que possamos desenvolver uma vida centrada em Cristo. Essas são sugestões práticas para que se discirna como permanecer no caminho do reino.

Terceira hipótese, *essas características bíblicas foram escritas para os seguidores de Cristo.* Como tais, elas não são ideias nossas, mas conceitos bíblicos. São as instruções de Deus, que parecerão tolice para o mundo. Tudo bem, por nós. Não escrevemos esse livro para o mundo. Já há livros suficientes para os pensadores que definem o sucesso em termos de crescimento e expansão.

Esse livro é para os seguidores de Jesus que querem (nas palavras de George Müller que abriram esse capítulo) nada mais do que seu trabalho seja a obra do Senhor. A Madre Teresa de Calcutá também compartilhava deste ponto de vista. "Como podemos superar Deus em Sua generosidade: se nós, pobres seres humanos, lhe entregamos tudo e rendemos todo nosso ser em Seu serviço? Ele, com certeza, ficará ao nosso lado e conosco, já que tudo em nós lhe pertence."[18] Quando nosso trabalho é a obra do Senhor realizada por nosso intermédio e em Seus termos, os resultados serão os frutos do reino.

Propomos dez marcas: duas para cada uma das cinco facetas do caminho do reino. Cremos que elas indicam o caminho para cada um de nós — quer sejamos pastores ou membros,

SEGUINDO A CRISTO: DEZ MARCAS DO MINISTÉRIO CRISTOCÊNTRICO	
Liderança baseada na mordomia	(1) Submissão ao Pai (2) Ser cheio, guiado e empoderado pelo Espírito Santo
Estratégias focadas na fidelidade	(3) Planejamento estratégico baseado na oração (4) Captação de recursos para o reino
Medição orientada por princípios eternos	(5) Prestação de contas ministerial (6) Administração financeira transparente
Gestão baseada em relacionamentos	(7) Servir às pessoas com humildade (8) Fazer tudo com amor
Visão dos recursos guiada pela mordomia	(9) Mobilizar pessoas com dons espirituais (10) Generosidade cristã radical

executivos ou empregados — envolvidos na obra de Deus e que desejam buscar os resultados do reino.

Independentemente do caminho que os outros tomem, siga a Cristo conosco com o zelo de Jonathan Edwards cujas 70 Resoluções estão resumidas como a seguir: "Resolução um: Viverei para Deus. Resolução dois: Se ninguém mais o fizer, ainda assim eu viverei para Deus".[19] E que nessa união, Deus possa acender a chama de um novo Grande Avivamento, como consequência dessa escolha.

Liderança baseada na mordomia

As duas primeiras marcas exibidas por Cristo e pelos primeiros discípulos nos trazem o modelo de sistema operacional para a liderança baseada na mordomia. Tudo começa com a submissão ao Pai. Isso envolve tudo o que pensamos, dizemos ou fazemos. A partir daí nossa liderança deve ser cheia do Espírito Santo, guiada e empoderada por Ele. Ofereceremos sugestões para crescimento e aplicação em cada uma das marcas.

Marca n.º 1 — Submissão ao Pai

Jesus forneceu o modelo de submissão em Seu relacionamento com o Pai. Tudo o que Ele desejava era dizer o que o Pai lhe ordenava dizer e fazer. Ele proclamou em João 5:19: "Então, lhes falou Jesus: Em verdade, em verdade vos digo que o Filho nada pode fazer de si mesmo, senão somente aquilo que vir fazer o Pai; porque tudo o que este fizer, o Filho também semelhantemente o faz". Além disso, em João 5:30 Cristo afirma qual era o foco principal do Seu ministério: cumprir a vontade do Pai.

Como Jesus sustentou a Sua postura submissa? Ele se retirava das multidões para ter Seu tempo a sós com o Pai (MARCOS 1:35). Seu exemplo demonstra que a oração precede a ação ou a atividade. Mais tarde, os líderes da Igreja Primitiva seguiram o mesmo padrão.

Em Atos 6:4, os discípulos revelam sua devoção à oração e à Palavra. Apesar das demandas ligadas ao crescimento exponencial da Igreja, eles se recusaram a permitir que qualquer outra atividade suplantasse essas disciplinas sagradas. Não apenas Jesus era submisso ao Pai, Seus discípulos também o eram! Eles adotaram o ritmo de Jesus e imitaram Sua vida centrada no Pai.

E quanto a nós? Como está a submissão em nossa vida e ministério? Quem conduz todas as coisas? Se não for o Pai, então estamos escravizados ao que quer que esteja nos guiando.

A submissão ao Pai não é um exercício que se pratica uma só vez, mas é um processo constante e ativo de discernir a vontade do Pai e cumpri-la, não importa o custo. Dietrich Bonhoeffer nos lembra: "Quando Cristo chama um homem, Ele lhe propõe que venha e morra".[20] Assim, nós também devemos morrer, pessoal e profissionalmente, para nossas ambições e desejos orgulhosos.

Pessoalmente, nós nos esforçamos para ter esse tempo com o Pai? Ou nossa vida é tão dirigida pela pressão do desempenho e por produzir resultados que pouco tempo é deixado para Deus? É interessante notar que no ministério de Jesus e da Igreja Primitiva, a oração era uma prioridade. É assim conosco? Qual a evidência disso em nossa vida?

Além disso, estamos investindo tempo com a Palavra de Deus? Isso não envolve a aquisição de conhecimento; ao contrário, se relaciona com conhecer a Deus e refletir Seu amor, como o poeta inglês, John Milton, observou: "O objetivo final de todo o aprendizado é conhecer a Deus e, em consequência desse conhecimento, amar e imitar o Senhor".21 Separamos tempo para permitir que a Palavra de Deus nos transforme, para que exibamos a vida submissa que Cristo nos deixou como exemplo?

Profissionalmente falando, o Pai dita a direção de nosso ministério ou há algum "bezerro de ouro" no comando? Todos nós já tivemos esses ídolos e todos devemos abandoná-los! Podem ser normas culturais ou práticas não questionadas que ditam nosso comportamento e, normalmente, prendem nossas igrejas e ministérios a padrões disfuncionais, e não de obediência.

O oposto de submissão a "bezerros de ouro" é a comunicação franca e a total transparência. Quando nossas equipes de liderança são submissas ao Pai, não temos nada a esconder. Se, no entanto, há algo que não queremos que o público saiba ou algo que tememos ver no noticiário noturno que possa desonrar o Pai, então, estamos abrigando bens perigosos. Nada disso é submissão.

Infelizmente, muitos ministros toleram práticas internas limítrofes ao abismo ou antiéticas, que não estão acima de suspeitas (1 TIMÓTEO 3:1-7; TITO 1:5-9). Além do mais, elas são racionalizadas como aceitáveis porque estão sendo realizadas em nome de Jesus. É como racionalizar dirigir acima da velocidade permitida para dar comida ao faminto, ou roubar para compartilhar com uma pessoa em necessidade. A submissão ao Pai não dá lugar para pecados secretos ou para concessões. Esse é um chamado à obediência do tipo "tudo ou nada". Sem exceção.

Aprendendo a postura de submissão

Quais disciplinas mantemos para permanecer numa constante postura de submissão ao Pai? Qual o papel da oração e do estudo bíblico em nossas equipes de líderes? Nesse ponto, oferecemos três sugestões de como entrar e permanecer nos trilhos.

1) *Fazer da oração solitária uma prioridade.* Isso pode significar separar 30 minutos ou uma hora, a cada dia, em casa ou no escritório. Pode exigir que se tenha uma "lista de tempo com Deus" com petições específicas nas reuniões de staff. O que poderia estar nessa lista? Quaisquer resultados que não possamos controlar (e que não queremos, pois provavelmente iríamos criar desordem). Também poderia tomar a forma de um dia mais calmo, a cada mês, para eliminar o barulho e a distração a fim de ter comunhão com Deus. Seja qual a periodicidade que escolhermos, precisamos ser firmes e transformá-la numa disciplina comunitária. Isso vai contra o curso de nossa agenda lotada e cultura ministerial orientadas a fazer as coisas acontecerem. Que transformemos a oração em prioridade para que nossa conversa sobre submissão seja mais do que apenas palavras.

2) *Determinar qual papel a Palavra de Deus terá em nossa vida e liderança.* Não é apenas uma leitura de um capítulo por dia para que possamos eliminar esse compromisso de nossa lista de afazeres. Tem a ver com conhecer as Escrituras, como o caixa de um banco conhece uma nota de

R$ 100 autêntica. Esses profissionais examinam as notas diariamente para que possam diferenciar as verdadeiras das falsas. Como a Palavra de Deus é viva e eficaz (HEBREUS 4:12), nós a lemos diariamente numa postura de submissão para que ela influencie e molde tudo o que fazemos (ATOS 6:4)? Ou nós a usamos para justificar nosso comportamento ou decisões de liderança de forma que ela reflita nossa agenda pessoal ou organizacional para alcançarmos crescimento e expansão?

3) *Crer que Deus falará, guiará e proverá.* Grande parte de nossa atividade na busca a Deus é unilateral e autocentrada, em vez de ser em submissão ao Pai. Que Deus nos perdoe! Oramos e, muitas vezes, não esperamos a resposta (TIAGO 1:6-8). Abrimos textos bíblicos para o que queremos encontrar e não para o que Deus possa querer nos ensinar. Somos egocêntricos. Pedimos a Deus para prover e não damos espaço para Sua resposta. Depois demonstramos falta de confiança, usando nossos planos de emergência. Isso é exibir falsa humildade. A serenidade da quietude e confiança não pode ser fingida; ela é forjada com a bigorna da submissão.

Marca n.º 2 — Ser cheio, guiado e empoderado pelo Espírito Santo

Em Lucas 4:1 vemos Jesus retratado como cheio do Espírito Santo e por Ele guiado. Então, depois de Suas vitórias sobre o diabo, Seu ministério começa no poder do Espírito (LUCAS 4:14). O Espírito Santo encheu, guiou e concedeu poder ao ministério de Jesus.

Próximo ao fim de Seu ministério terreno, Jesus disse aos discípulos que oraria pedindo ao Pai para que enviasse o Espírito Santo para lhes ensinar todas as coisas e para ajudá-los a lembrar de tudo o que o Mestre lhes ensinara (JOÃO 14:25). Que presente! É tão maravilhoso que João Crisóstomo, um líder na Igreja Primitiva, proclamou: "Deus nos deu o maior de todos os dons e em abundância… Qual é esse presente? É o Espírito Santo!"[22] Nós compartilhamos esse entusiasmo?

Quando o Espírito Santo desceu em Atos 2, a cena é descrita como tendo mais efeitos especiais do que um filme de ficção científica e mais ação do que um suspense épico. A presença de Deus encheu o lugar! Um som como de um vento impetuoso soprou por toda a casa onde estavam reunidos, e línguas como de fogo repousaram sobre eles. De repente, todos começaram a falar nas línguas das nações do mundo antigo. Por que isso é importante?

Jesus lhes dissera, em Atos 1:8, que eles iriam receber poder com a vinda do Espírito Santo e que seriam testemunhas em Jerusalém, Judeia, Samaria e até os confins da Terra. Cristo não apenas contou aos Seus discípulos que ministério teriam, também providenciou o poder para ministrar, por meio do Espírito Santo.

Conforme o ministério expandia na Igreja Primitiva, as coisas cresceram muito mais do que os discípulos davam conta. Cooperadores que eram cheios "de fé e do Espírito Santo" foram eleitos (ATOS 6:5). Uma leitura rápida de Atos revela que não é o trabalho do homem, mas o poder do Espírito que é a principal força na missão. Por todo o Novo Testamento, os seguidores são cheios, guiados e fortalecidos pelo Espírito Santo.

Severiano de Gabala, outro pai da Igreja Primitiva, observou: "O Espírito em nós se inclina em direção à comunhão com Deus. Ele nos dá cada vez mais graça e nos afasta do amor pelo mundo".[23] O Espírito está nos enchendo, orientando e nos concedendo poder pela graça, hoje?

1) Os seguidores de Cristo, cheios do Espírito, se colocam na presença de Deus. Os santos, através dos séculos, enfatizam que os cristãos não devem ministrar na força ou sabedoria humana, nem amar com suas próprias capacidades e poder. Devemos, em vez disso, colocar-nos numa posição em que estejamos constantemente sendo cheios pela plenitude do Espírito de Deus para que, continuamente, nos esvaziemos ao servir a outros, seguindo o exemplo de Jesus (FILIPENSES 2:5-11). Nossas agendas e vida demonstram que estamos fazendo assim?

2) Seguidores de Cristo, guiados pelo Espírito Santo, dependem de ouvir a voz de Deus. Fazemos parte de uma cultura centrada na obediência ao que ouvimos? Isso é evidente em nossas reuniões e programações de retiro? Quais processos de discernimento, margem para discussões e para o ouvir acontecem? Estamos dedicando tempo para compartilhar o que Deus está falando conosco, a fim de experimentarmos a unidade do Espírito? Uma análise de nossas agendas poderia revelar que estamos falando a maior parte do tempo, ou quem sabe todo o tempo. Pode ser que seja a hora de separarmos tempo para ouvir Deus como grupo. Aqueles que estão dentro ou fora de nosso ministério descreveriam nossa equipe de liderança como guiada pelo Espírito Santo?

3) Os seguidores de Cristo que têm o poder do Espírito se movem em resposta à orientação do Espírito. Como muitas diretorias e agendas de líderes são centradas em controlar os fins e demonstrar os resultados, será que estamos deixando espaço para que o Espírito nos guie e nos empodere? As reuniões da Igreja Primitiva, como o Concílio de Jerusalém em Atos 15, certamente refletem essa capacidade. Naquilo que parece ser a primeira ata de reunião registrada, a carta do concílio em Atos 15:23-29, o texto demonstra que o resultado da reunião "pareceu bom ao Espírito Santo e a nós". O processo de tomada de decisão do Concílio de Jerusalém revela a orientação do Espírito e um movimento de resposta em obediência. As nossas reuniões refletem o mesmo?

Lembre-se de que Paulo e Barnabé deviam levar o evangelho aos judeus. Se o ministério deles tivesse sido avaliado por sistemas de medição baseados em princípios terrenos, provavelmente eles teriam sido demitidos no Concílio de Jerusalém. Além disso, com os gentios se convertendo, eles poderiam ser disciplinados por violar as políticas focadas nos fins, que prevalecem no caminho comum.

Se nossas equipes de liderança não são cheias, guiadas e empoderadas pelo Espírito Santo, então estamos liderando no lugar do Espírito. Não surpreende que tenhamos a tendência de nos inclinar ao mundanismo e não ao que é santo. Assumimos a atitude de tomar o controle e liderar por nossa própria razão humana. Paulo falou desta inclinação em sua carta aos gálatas: "Sois assim insensatos que, tendo começado no Espírito, estejais, agora, vos aperfeiçoando na carne?" (3:3). Agir no padrão do Espírito Santos entra em choque com o pensamento secular moderno e com os padrões e práticas do caminho comum. Para fazê-lo, precisamos trocar a nossa vontade pela vontade de Deus.

John MacArthur nos traz uma ideia interessante sobre como podemos compreender a vontade de Deus à luz do Novo Testamento. A vontade de Deus é que sejamos salvos (2 PEDRO 3:9), santificados (1 TESSALONICENSES 4:3), cheios do Espírito (EFÉSIOS 5:18), submissos (TIAGO 4:7) e que, como Ele (muitos querem esquecer essa parte), suportemos o sofrimento (1 PEDRO 2:21).[24] Antes de embarcar em uma carreira ministerial, precisamos nos perguntar: Estou disposto a trocar a minha vontade pela vontade de Deus?

Submetendo-se ao Espírito Santo

Há muitas ideias de como crescer nesta área. Oferecemos duas sugestões práticas para ajudar os líderes-mordomos a submeter-se ao Espírito Santo, para assegurar que todo o ministério seja pleno, guiado e empoderado por Deus em nós.

1) *Pratique as disciplinas interiores de meditação e jejum para alimentar sua vida espiritual.*[25] A meditação é ouvir e obedecer a Palavra de Deus. Devemos observar intencionalmente as Escrituras e tomar tempo para ponderar sobre as implicações práticas do que estamos ouvindo (TIAGO 1:22-25). Este exercício nos fará viver diferentemente do mundo que nos cerca. Aconselhamos você a descansar um pouco antes de fazê-lo. Muitos líderes espirituais, como a autora Jenni Hoag, atestam que um grande empecilho para nosso crescimento espiritual é a exaustão.[26] Precisamos estar descansados para nos assentarmos quietos e meditar nas

formas como o Espírito pode estar buscando ministrar e nos falar por meio do tempo investido com a Palavra de Deus.

Com relação ao jejum, escolha um tempo, regularmente, para abdicar de comida e bebida com o propósito de se aproximar de Deus. Esse comportamento não nos faz ganhar favor diante de Deus. Não jejuamos por causa do Senhor, jejuamos por nossa causa. Quando o fazemos, separamo-nos de todos os outros apetites para jejuar e sermos cheios do Pão da vida. Uma pesquisa revela que o jejum foi um fator crucial para o Grande Avivamento que ocorreu no final do século 18 e começo do 19. Se quisermos ver outro avivamento, precisamos jejuar e convocar o povo de Deus para se unir a nós em oração para que Deus derrame do Seu Espírito. O reavivamento pode irromper!

Essas disciplinas interiores precedem qualquer movimento externo. Somente após ter tomado a jornada interior, pelo caminho da oração, estudo, meditação e jejum, nós estamos em condições de sermos cheios, guiados e empoderados pelo Espírito Santo.

2) *Analise as pessoas por seus frutos, em vez de avaliar o desempenho delas.* O fruto do Espírito é evidente em nossa vida e na dos integrantes de nossa equipe (GÁLATAS 5:22,23)? Deveríamos procurar o fruto como um indicador de uma vida cheia, guiada e empoderada pelo Espírito (1 CORÍNTIOS 5:12). Isso representa uma mudança da convenção moderna, em que a avaliação de desempenho é, frequentemente, ligada a resultados que nós (ou os membros de nosso staff) podemos não conseguir controlar. Ao contrário disso, sugerimos que qualquer avaliação deveria estar ligada à fidelidade a tarefas

que podemos controlar e dos frutos evidentes, da perspectiva dos gestores e colaboradores. Parece muito radical? Alguns líderes estão escolhendo esse caminho, embora ele vá contra a correnteza.

Um ministério recentemente tomou o ousado passo de criar uma cultura de liderança pela mordomia, baseado nestas ideias. Alguns podem taxá-los de tolos (em sua forma de pensar) já que esse passo muda o foco da avaliação por sistemas de medição baseados em princípios terrenos, que são prevalecentes no caminho comum, para o caminho guiado por sistemas de medição orientados por princípios eternos, do caminho do reino. Comemoramos essa resolução de resistir às pressões culturais. Esse ministério está posicionado pela frutificação ligada à obediência.

Em outro ministério, cada supervisor pede a seus subordinados diretos (anualmente, em reuniões individuais) para que compartilhem um fruto que Deus esteja produzindo em sua vida. Os supervisores fazem isso para ajudar os colaboradores e se concentrar em seu crescimento espiritual interior, bem como em seu desenvolvimento profissional exterior. Isso demonstra que o ministério valoriza pessoas que se esforçam para se manter no compasso com o Espírito, e por crescer em suas habilidades e serviço. Imagine um supervisor que se preocupasse mais com a condição da alma de cada pessoa do que com a quantidade de produção daquela pessoa! A jornada exterior de cada integrante da equipe, neste ministério, está posicionada pelo empoderamento que vem do Espírito, mais do que daquilo que flui do que a carne pode exibir.

O fruto que resulta dessa abordagem inclui maior produtividade, alta motivação e satisfação do colaborador. Isso, normalmente, leva ao crescimento e ao maior impacto da missão. Quer o crescimento aconteça ou não, o fruto representa os resultados do reino.

Estratégias focadas na fidelidade

Se as duas primeiras marcas envolvem o sistema operante, as próximas duas nos trazem aplicações a serem colocadas em prática. Essas aplicações, ou estratégias, pretendem nos auxiliar a nos mantermos concentrados na fidelidade. Elas dirigem nossa atenção à maneira como abordamos o planejamento e como levantamos recursos para o reino. Ambas buscam nos assegurar de que a direção e a provisão dependerão sempre de Deus.

Marca n.º 3 — Planejamento estratégico baseado na oração

O plano de crescimento do ministério terreno de Jesus fluiu da oração. O texto de Lucas 6:12,13 registra que Jesus orou toda a noite, e somente após esse tempo de comunhão com Deus, Ele chamou um grande número de discípulos para si mesmo e escolheu, dentre eles, os doze. Parece estranho que para que o ministério crescesse Jesus reduziria o número de apóstolos. Os planos dirigidos por Deus, muitas vezes, parecem contrários à lógica comum (COMO GIDEÃO EM JUÍZES 6-7).

Semelhantemente, na Igreja Primitiva, passagens como as de Atos 13:1-3 ilustram um resultado parecido. Nesse cenário, cinco profetas e mestres — Barnabé, Simeão, Lúcio, Manaém e Saulo — se uniram para adorar, jejuar e orar em Antioquia. Os comentaristas creem que a raiz étnica de seus nomes sugere que seriam representantes dos povos mais expressivos no mundo do antigo Mediterrâneo.

Se o foco deles estivesse em produzir grandes resultados ministeriais, provavelmente teriam planejado cinco viagens para pregar a seus respectivos povos. Naquilo que parece ser um espelho do relato de Lucas 6, somente após muita oração é que surge o plano. O Espírito escolhe um número menor ainda, Barnabé e Saulo, para a obra que estava preparada para eles (ATOS 13:3).

O planejamento realizado após a oração coloca os líderes-mordomos em condição de saber qual o trabalho que Deus lhes deu para fazer. Às vezes, esse tipo de planejamento é o contrário do que o mundo recomenda. Podemos vê-lo por todas as Escrituras. Isso, frequentemente, acontece para que o Espírito de Deus entre em cena como o poder que move o ministério.

Em vez de inventar uma fórmula mágica de planejamento, do tipo "pense pequeno para crescer", à medida que você lê esses textos bíblicos perceba que a postura de oração enquanto planeja precede o ministério. As pessoas que são habilitadas para o ministério se reúnem em oração e não avançam até que tenham recebido sua ordem de marcha, seus planos, de Deus. Se há uma lição para os líderes atuais, é que reúnam as pessoas em súplica e aguardem pela orientação do Senhor.

Esperar antes de agir é um tema central por todas as Escrituras e uma característica contrária à lógica de ministérios centrados em Cristo. Aqueles que estão no caminho comum atuam a partir da pressuposição de que a expansão e o crescimento são a chave para o sucesso organizacional, então querem começar a trabalhar ontem! O planejamento estratégico se torna subserviente a sistemas predeterminados de medição de produção. Os objetivos refletem aspectos de como o ministério deveria crescer, e os planos anuais exibem os passos que são necessários para esse crescimento. As reuniões de planejamento podem começar com oração, mas os líderes ministeriais, que buscam a ampliação de seu trabalho como o único futuro aceitável, determinam a direção. Somos culpados de tal comportamento e experimentamos reuniões de estratégias em que alcançar o crescimento obscurece qualquer senso de busca por um curso de ação alternativo.

Aqueles que trilham o caminho do reino veem o planejamento sob uma perspectiva completamente diferente. A equipe de liderança começa por ouvir de forma aberta e intencional a voz de orientação de Deus, pela presença do Espírito Santo. Essas pessoas não prosseguem até que tenham discernido que a voz do Senhor foi ouvida. Uma vez que tenhamos entendido a visão divina para seu futuro, o planejamento estratégico serve como uma ferramenta que assegura a fidelidade a essa visão. O planejamento é sua resposta em mordomia à Palavra de Deus que lhes foi falada. Depois de ouvir para onde devem ir, eles planejam, estrategicamente, como chegarão lá. A oração guia esse passo para garantir que as estratégias permaneçam consistentes com as instruções de Deus. Da mesma forma como a visão não é sua, o plano também pertence a Deus, e a equipe de liderança confia nele para orientar sua execução.

Como abordamos o planejamento estratégico? Podemos, sinceramente, dizer que nossos planos são desenvolvidos em resposta à visão que Deus colocou em nosso coração? Ou nossos planos revelam nossos próprios desejos de expandir nosso trabalho e nossa visão baseados em sistemas de medição e pressuposições terrenas? Essas são perguntas fundamentais que nós como líderes devemos nos fazer.

Adotando o planejamento guiado pelo Espírito

Quando os líderes adotam o planejamento com oração como um ato de mordomia para garantir a obediência a Deus, o planejamento se torna uma prática espiritual. Aqui está uma definição prática do planejamento orientado pelo Espírito e cinco considerações para poder pô-lo em ação. Considere (e sinta-se livre para adotar) essa definição:

> O planejamento estratégico baseado na oração é um processo que é pleno, guiado e empoderado pelo Espírito Santo em que, unidos, nós, como líderes ministeriais buscamos ouvir a voz de Deus e discernir Sua vontade com relação ao futuro, de forma que nos capacite a buscar os resultados do reino com paixão organizacional (unidade de visão) e excelência na semelhança a Cristo (obedientemente oferecendo nosso melhor).

Uma vez que tenhamos definido o que é planejamento estratégico baseado na oração, aconselhamos aos líderes a atentar para cinco considerações:

1) *Crie um grupo de pessoas comprometidas.* Os processos que limitam as contribuições pessoais e se baseiam em poucas pessoas para tomar decisões importantes correm o risco de cair em agendas pessoais. Isso não quer dizer que teremos 50 pessoas na mesa de planejamento estratégico, mas requer que convidemos representantes de nossa comunidade. Isso também cria um senso de responsabilidade e nos ajuda a manter unidade no discernimento dos processos. Vozes externas também nos ajudam a identificar os "bezerros de ouro" e a desafiar qualquer falta de transparência.

2) *Planeje uma cobertura de oração.* A oração deve ser mais do que apenas uma forma de abrir reuniões. Isso nos chama para um processo coordenado de preparar o grupo de pessoas comprometidas para ouvir de Deus e buscar coletivamente Sua proteção e direção. Para ouvirmos em comunidade, precisamos preparar nosso coração e mente. Esse enfoque pode ser incentivado com uma oração diretiva que contenha somente uma pergunta, que seja não--diretiva como, por exemplo: "Deus, o que o Senhor tem para nós?".

3) *Teste suas premissas.* Poucas coisas silenciam o mover do Espírito Santo mais rapidamente do que premissas falsas. Já que o planejamento com oração mapeia uma previsão para o futuro, devemos avaliar os fatos. Discutir essas coisas pode ser difícil. Pergunte ao Concílio de Jerusalém (ATOS 15)! Muitos líderes acham que essa atitude refreia o processo; na realidade, ela nos ajuda como grupo a irmos mais devagar, para que possamos avançar rapidamente. Cremos que o tempo e o esforço extra valem a pena. Acima de tudo, o teste mais difícil que o Concílio de Jerusalém

nos fornece como modelo é filtrar tudo o que discutimos através do conhecimento da Palavra de Deus e sob a orientação do Espírito Santo.

4) *Defina os objetivos de acordo com os valores do reino.* Muitas vezes nossos alvos parecem ser escritos para atender necessidades pessoais ou institucionais específicas e para promover as agendas ministeriais. Assim como nossa declaração de missão deve ser um reflexo de nosso chamado para servir ao reino de Deus, nossos planos estratégicos devem expressar o mesmo. Quando lemos os planos estratégicos de um ministério ou igreja, deveríamos louvar a Deus pelo impacto que o reino irá causar, não pela capacidade interna ou crescimento numérico que ele produzirá. Embora os resultados numéricos possam vir, devemos declarar nossos objetivos em termos de obediência. Se não for assim, devemos retroceder e ver onde perdemos essa marca em nosso processo de planejamento. Novamente, considere o Concílio de Jerusalém como exemplo. O resultado daquela sessão de planejamento foram quatro parâmetros orientados à obediência que não buscam controlar o crescimento da Igreja do Senhor, mas, ao contrário, liberá-lo (ATOS 15:29).

5) *Dê agilidade ao plano.* Não importa o quão arduamente trabalhemos para conseguir a participação de nosso grupo de comprometidos, o quanto estejamos cobertos de oração, testando nossas premissas pela Palavra de Deus e pelo Espírito Santo, e definindo objetivos de acordo com os valores do reino, como seres humanos podemos, a certa altura, achar que é "nosso dever" tomar as rédeas nas mãos. Mesmo o apóstolo Paulo teve que ser aberto a receber às

correções de curso do Espírito Santo com relação à execução prática do plano de levar o evangelho aos gentios (ATOS 16:7). Ele estava aberto a essa mudança, e nós também devemos estar!

Marca n.º 4 — Captação de recursos para o reino

Depois que Jesus escolheu os doze discípulos e iniciou Seu ministério terreno, Ele os orientou com instruções específicas. Não deviam levar nada consigo. Nem pão, nem bordão ou roupas extras: nada mesmo! Somente partindo de mãos vazias, eles poderiam aprender que o dinheiro não é a força propulsora por trás do ministério — essa força é Deus. Três passagens de Lucas ilustram esse fato.

Lucas 9:1-6 registra que Jesus deu poder aos doze discípulos e os enviou para pregar. Deus abriu as portas para eles, guiou-os e os supriu. Lucas 10:1-24 compartilha uma cena similar, mas, desta vez, com 72 discípulos. Ele os enviou, disse-lhes para orar por seus companheiros de trabalho, para que não levassem nada consigo e que compartilhassem a paz de Deus aonde quer que fossem. Novamente, eles retornaram com um relatório satisfatório. Em Lucas 22:35-38, pouco antes da Sua prisão, Jesus pausou para lembrar-lhes com essas palavras:

> ...Quando vos mandei sem bolsa, sem alforje e sem sandálias, faltou-vos, porventura, alguma coisa? Nada, disseram eles. Então, lhes disse: Agora, porém, quem tem bolsa, tome-a, como também o alforje; e o que não tem espada, venda a sua capa e compre uma. Pois vos digo que importa que se cumpra em mim o que está escrito: Ele foi contado com os malfeitores. Porque o que a mim

se refere está sendo cumprido. Então, lhe disseram: Senhor, eis aqui duas espadas! Respondeu-lhes: Basta!

Jesus não estava lhes dizendo para levar armas para uma cruzada, embora Ele estivesse para ser preso. Também não estava chamando os discípulos para estocar suprimentos para uma revolução. Pedia-lhes que se lembrassem da lição que aprenderam quando Ele os enviou sem nada — que Deus proveria o necessário. Ao trazer esse assunto à tona, Jesus acrescentou mais ensinamentos. Uma vez que compreenderam isso, Ele lhes disse (e a nós também!) o que fazer com as provisões divinas dali para frente. Colocá-las em ação na batalha espiritual que temos diante de nós.

Eles o fizeram? Os líderes da Igreja Primitiva confiavam que Deus lhes proveria? À medida que o Senhor lhes provia, eles colocavam em ação os recursos que tinham à sua disposição? Poderíamos citar muitos exemplos positivos do Novo Testamento. Entre eles, o de Barnabé é digno de nota. Seu nome verdadeiro era José. Ele era encorajador, por isso referiam-se a ele como Barnabé, que quer dizer "filho da consolação". Também era proprietário de terras. Possuir terras na antiguidade era ter um bem que poderia gerar renda e afastaria seu dono de ter que fazer trabalho manual. Em Atos 4:36,37, lemos que Barnabé vendeu uma porção de sua terra e colocou o dinheiro aos pés dos apóstolos. Isso reflete a obediência aos ensinamentos de Jesus e é importante para a Igreja Primitiva (e para nós) por pelo menos três razões:

1) *Barnabé poderia ter permitido que sua terra fosse cultivada para o benefício da comunidade da fé e a mantido como sua propriedade, simultaneamente.* Em outras palavras, poderia

ter colocado os ganhos a dispor do reino, em vez de todo o valor do bem imóvel. Embora essa abordagem faça sentido nos princípios terrenos, esse tipo de generosidade não requer fé e não demonstra sacrifício. O tipo de doação que Jesus celebra é sempre sacrificial, e sacrifício foi o que Barnabé fez! Ele sacrificou a segurança de sua propriedade e a colocou em ação em prol do reino. Vendeu sua porção de terra.

2) *A forma como Barnabé apresentou sua doação nos diz muito sobre ele, pois não preservou vínculos com a propriedade.* Colocar o dinheiro aos pés dos apóstolos representa uma humilde submissão à liderança da Igreja de Deus. Documentos de doação antigos revelam que grandes doadores colocavam exigências às suas doações para garantir o reconhecimento e a glória perpétua por sua generosidade. Barnabé não demonstrou essa motivação.

3) *Barnabé doou seus rendimentos a Deus.* Esse ato iria levar um proprietário de terras a confiar no Senhor, em vez de confiar nas terras. Como a história da Igreja Primitiva em Atos revela, Barnabé teve papel central na expansão da missão, junto com Paulo, por todo o antigo mundo mediterrâneo. É interessante notar que o texto não o retrata como peça essencial pelo fato de ele ser abastado e por doar fundos para tudo. Ele demonstrou liderança pela obediência aos ensinamentos dos apóstolos e por encorajar o povo de Deus. Aonde quer que fosse, ele fortalecia a fé das pessoas a quem alcançava.

E nós? Em que confiamos para estimular o ministério e assegurar a nossa reputação? Saiba que não somos os primeiros a lutar com essas questões. Como o missionário Jonathan Goforth (1859-1936) devemos lembrar: "Todos os recursos da Trindade estão a nosso dispor".[27] Se precisamos de algo, nosso primeiro pensamento é pedi-lo a Deus ou ao homem? Como o último é um pensamento idólatra, será que nossos ministérios de vez em quando lutam porque nossas ações como líderes demonstram que não estamos confiando em Deus para prover nossas necessidades? Ou somos conhecidos por confiar em Deus?

Adoniram Judson (1788-1850) acrescentou: "É verdade que podemos desejar muito mais. Mas usemos o que possuímos, e Deus nos dará mais".[28] Isso não quer dizer manipular Deus para conseguir o que desejamos. Significa ser fiel com o que temos e confiar que se precisarmos de mais, Deus irá nos suprir. Esquecemo-nos, muito rapidamente, que Ele tem nos suprido de tudo até esse momento! Paradoxalmente, é a utilização fiel das provisões de Deus que podem ser ligadas a bênçãos maiores, embora isso não seja garantia de tal provisão (LUCAS 16:10-14).

Aqui simplesmente notamos que Jesus queria que os discípulos aprendessem a confiar em Deus para provisão e, então, colocar em ação o que Deus lhes concedesse. E no restante do Novo Testamento, vemos o povo de Deus fazendo exatamente isso. A questão é: Também agimos assim?

Nosso papel como líderes, hoje em dia, em levantar recursos para o reino não é tentar prover por si só, mas convocar o povo de Deus a colocar o que quer que possuam a serviço dele. Essa mensagem deveria permear todas as nossas mensagens e nossa correspondência postal. Nosso trabalho não é levantar doações, mas exortar as pessoas a se tornarem doadoras — chamar as pessoas a servir como mordomos obedientes — que são ricos para com Deus.²⁹ Se achamos que somos levantadores de fundos, então estamos tentando fazer a parte do Senhor, já que Ele é nosso Provedor, e não nós mesmos. Como levantamos os recursos diz mais sobre os valores que nos impulsionam, do que qualquer outra coisa. Assim revelamos onde está nossa confiança.

Fortalecendo a resolução de confiar na provisão divina

Confiar em Deus para provisão é a principal estratégia focada em fidelidade que Jesus concedeu a Seus seguidores e a nós. Abaixo seguem três atividades que podemos considerar para crescermos nessa área.

1) *Podemos adotar uma regra de vida que nos posicione a depender de Deus.*³⁰ Seguidores de Cristo como Agostinho de Hipona, Patrício da Irlanda, Benedito de Núrsia, Francisco de Assis e Teresa de Ávila, ou em tempos mais modernos, George Müller, Andrew Murray, William Carey, Adoniram Judson e Madre Teresa, testificam da liberdade e paz de se viver confiando no Senhor. Para eles "o futuro era tão brilhante quanto as promessas de Deus", pois como pessoas comuns eles eram comprometidos com uma forma de vida que colocava sua confiança somente no seu extraordinário Deus. E nós? Será que também precisamos de uma regra de vida para nos ajudar a permanecer no caminho do reino?

2) *Não podemos exortar outros a confiar no Senhor para colocar os recursos de Deus a serviço, enquanto confiam na provisão de Deus, se não estamos fazendo o mesmo.* Muitos

não percebem que pregadores prolíficos como George Whitefield e Charles Spurgeon fundaram e administraram orfanatos que dependiam especificamente das provisões de Deus para sustentar as crianças. Muitos ouviram as histórias milagrosas de George Müller e o orfanato de Bristol, mas muitos outros líderes compartilham testemunhos semelhantes. Seus testemunhos coletivos afirmam: Somente depois de colocar a provisão de Deus em ação e resolver confiar nele para prover tudo é que podemos aprender que Deus é tudo o que precisamos todo o tempo. E somente depois disso, estamos em condições de ensinar aos outros o mesmo tipo de obediência.

3) *Pode ser que precisemos mudar a forma como vemos os recursos e orçamentos.* O teólogo holandês Henri Nouwen (1932-96) chama isso de "ser convertido em relação à nossas necessidades".[31] Por muito tempo, nossas diretorias de igreja e equipes de liderança ministerial têm pensado, erradamente, sobre o dinheiro como se ele pudesse resolver cada problema e têm tratado o orçamento como a força impulsionadora do ministério. Os orçamentos são ótimas ferramentas para controlar nossas receitas e reportar sobre o uso fiel dos recursos de Deus. Eles nos ajudam administrar o lado financeiro da mordomia. Mas, assim como o dinheiro não é a resposta para cada problema, nossos orçamentos não deveriam decidir por nós.

Não devemos acumular para termos segurança nem desperdiçar os recursos com frivolidade. Jesus chama discípulos para colocar os recursos em ação, com a postura da Oração do Senhor, confiando em sua constante provisão. Os líderes da Igreja Primitiva viveram dessa forma, e também todos os proeminentes santos ao longo dos séculos. Nós também podemos viver assim, com a ajuda de Deus!

Provavelmente esta é a área mais importante para um autoexame e reflexão na vida de um líder e nas organizações e ministérios onde ele serve. Se nossos pensamentos são dominados pelo receio quanto ao dinheiro e nossas reuniões têm se desviado de sempre falar sobre a missão, para sempre falar sobre dinheiro, é provável que tenhamos nos desviado de servir a Deus para servir a Mamom. Jesus quer que vivamos de forma diferente. Podemos exortar o povo de Deus para colocar a Seu serviço os recursos que Ele tem provido, sacrificialmente, como Barnabé, quando cremos nele para provisão.

Medição orientada por princípios eternos

Sistemas de medição orientados por princípios eternos valorizam o que Jesus valoriza e avaliam o trabalho a fim de promover a fidelidade. O enfoque está mais no qualitativo do que no quantitativo, isto é, em medir o sucesso em termos de lealdade às instruções de Jesus. Um bom princípio básico para termos certeza de que nossas medições são orientadas por princípios eternos é fazer-nos a pergunta: Estamos medindo o crescimento do reino de Deus ou do nosso? Lembre-se também de que o caminho do reino vê os resultados como fruto produzido por Deus. Como tal, os sistemas de medição orientados por princípios eternos emergem em duas áreas: prestação de contas do ministério e administração financeira transparente.

Marca n.º 5 — Prestação de contas ministeriais

Quando Jesus enviou os discípulos para proclamar o evangelho do reino (LUCAS 9-10), Ele os enviou dois a dois. Cada um dos discípulos tinha um parceiro de responsabilidade para manter a lealdade às Suas instruções. Também teriam uma companhia para os encorajar, para compartilhar suas vitórias e para motivar um ao outro a perseverar durante as dificuldades. Dois a dois, esse posicionamento estratégico nos ajuda, como discípulos, a permanecer no caminho do reino. É interessante que quando os discípulos retornaram aos pares lamentando sua inabilidade de produzir resultados em todas as ocasiões, Jesus os dirigiu à oração (MARCOS 9:29; MATEUS 17:21). Esta ilustração revela quem está no controle e quem não está.

Na Igreja Primitiva, a missão prosseguia aplicando as mesmas medidas de prestação de contas. Paulo e Barnabé, dois a dois, eram as duas principais figuras na primeira viagem missionária (ATOS 13-14). Quando apareceram diante do Concílio de Jerusalém (ATOS 15), as medidas de prestação de contas são evidentes. Paulo e Barnabé reportaram sua fidelidade em proclamar o evangelho e os resultados que o seguiram, embora a informação que compartilharam era muito diferente do que os líderes judeus esperavam. Os gentios estavam vindo à fé.

Como consequência deste Concílio, a missão foi ampliada. Paulo e Silas saíram pela Síria e Cicília, e Barnabé levou Marcos e viajou para Chipre (ATOS 15:39-41). Dois foram por terra, e dois por mar. À medida que o ministério crescia exponencialmente, vemos a atenção continuada à prestação de contas ministeriais nas cartas de Paulo.

Por exemplo, esse apóstolo instruiu aqueles a quem mentoreou a seguir seus passos e estimulou os líderes a demonstrar caráter que fosse "irrepreensível" e "inculpável" (1 TIMÓTEO 3:1-13; TITO 1:6-11). Isso não reflete perfeição, mas integridade e consistência. Os líderes levantados por Deus devem passar na prova do escrutínio público e serem encontrados inculpáveis. Devemos seguir o tema primário das cartas às igrejas do Novo Testamento e ensinar aquilo que é coerente com as fortes palavras de Jesus (1 TIMÓTEO 6:3,4).

Temos nossa própria prestação de contas e avaliação de medições, para que nossa vida permaneça alinhada com os desígnios do reino, em vez dos nossos? Utilizamos nossos relacionamentos dois a dois para a prestação de contas ministerial? Esse pressuposto é contrário ao caminho comum. Pesquisadores do universo de igrejas, como Gary McIntosh, reportam que os pastores não gostam de fazer a prestação de contas. Permitimos, voluntariamente, que nossos esforços ministeriais sejam avaliados por gente de dentro e de fora do ministério para garantir a coerência com as Escrituras? Infelizmente, se os números são o mais importante, outros assuntos provavelmente mais relevantes são de menor interesse para diretorias e comitês de liderança.

Quando é dada autoridade a qualquer pessoa numa posição de autoridade sem que haja prestação de contas, o desastre pode acontecer, pois a carne se inclina para o egoísmo, em vez de para propósitos do reino. Quando a autoridade sem prestação de contas está incrustrada em nossas estruturas denominacionais e eclesiásticas, elas tendem a construir reinos terrenos e não o reino eterno.

Em determinado lugar, o presidente de uma organização cristã, que funcionava na perspectiva do caminho comum, estava esmagando sua equipe com o peso das medições orientadas por princípios terrenos (avaliações quantitativas) e não eternos (avaliações qualitativas). Sob o disfarce do que parecia ser um sistema de medição do reino para conquistar mais almas para Cristo, ele estava perdendo o respeito de seu pessoal e desencorajando-os, em vez de inspirar seu serviço fiel.

Mantendo a fidelidade por meio de medições qualitativas

Poderíamos fornecer milhares de medições qualitativas para aplicar este princípio, porque os cenários ministeriais variam grandemente. Por esta razão, ofereceremos cinco delas para sua consideração e adaptação.

1) *Identifique parceiros para prestação de contas.* Estamos nos reunindo regularmente para encontrar encorajamento e compartilhar desafios que possam tentar nos desviar do caminho da obediência? Normalmente, estamos muito ocupados para separar tempo para isso, neste caso, estamos ocupados demais para não o fazer! Devemos criar tempo em meio ao ritmo de nossa programação para compartilhar o que o Espírito está fazendo enquanto vivemos e lideramos, de acordo com os ensinamentos de Jesus, e para revelar nossas batalhas por encontrar encorajamento e perseverarmos.

2) *Encontre um mentor de ministério, como o apóstolo Paulo era para Timóteo.* Esses relacionamentos do tipo "o ferro com o ferro se afia " oferece benefícios para os envolvidos.

Extraímos dele aquilo que investimos. Mas não o torne muito difícil de ser aplicado. Considere combinar um telefonema por mês ou uma visita pessoal para interagirem e serem abertos para projetos colaborativos, para que haja aprendizagem mútua e enriquecimento do reino.

3) *Estabeleça estruturas ministeriais que compartilhem tarefas de liderança, preserve a prestação de contas aberta e acolha o escrutínio exterior.* É mais fácil falar do que colocar isso em prática. Por onde devemos começar? Pastores e líderes seniores devem liderar pelo exemplo. Pode ser que seja necessário mudar políticas, esquemas organizacionais e até processos de avaliação anuais. Para os colaboradores em posições de subordinação, as medidas de implementação de prestação de contas deveriam corresponder às responsabilidades e autoridade ministerial.

4) *Alinhe os planos com as avaliações dos colaboradores e avalie a fidelidade na atuação, mais do que os resultados que eles não podem controlar.* Como Jesus nos chamou para fazermos discípulos que observam e ensinam tudo o que Ele mandou (uma medida qualitativa ligada à uma diretiva), não para ganhar determinado número de almas (uma medida quantitativa hipotética), deveríamos fazer o mesmo com nossa equipe. Que os avaliemos baseados na fidelidade em seguir os planos (atividades), não somente os resultados (produtividade).

5) *Celebre o que valorizamos.* Se valorizamos a atividade fiel, que a honremos. Muitas vezes, nosso processo avaliativo e celebrações comunitárias refletem que valorizamos, principalmente, os resultados qualitativos e as pessoas

responsáveis que os conquistam. Os elogios e o reconhecimento têm seu lugar, mas, no final, todo esse louvor pelos frutos deve ser dirigido ao céu. O ponto principal aqui, é colocar os sistemas de medição orientados por princípios eternos em ação e reconhecê-los adequadamente, porque o que celebramos revela aquilo que valorizamos.

Marca n.º 6 — Administração financeira transparente

A mordomia fiel ou administração de recursos financeiros, na economia de Deus, funciona como uma alternativa ao pensamento dominante do sistema econômico deste mundo. Jesus elogia os mordomos fiéis por colocarem os recursos divinos em ação, em vez de, tolamente, os acumular (MATEUS 6:19-21; 25:14-30; LUCAS 22:35-38), apesar de nossa cultura chamar de sábios aqueles que estocam visando segurança. Cristo demonstra a gratificação comunitária e se afasta da indulgência egocêntrica (LUCAS 7:34; 12:13-21), ao passo que nossa cultura se refere ao luxo como direito.

A transparência também é essencial já que Jesus nos exorta a evitarmos justificar nosso comportamento porque isso é aceitável pelo homem, uma vez que é inaceitável diante de Deus. Pois com a obediência vem a bênção, e a inclinação do coração humano é adorar as provisões em vez do Provedor — servir a Mamon, em vez de servir a Deus (LUCAS 16:1-15). Temos percebido que pessoas comuns apoiaram o ministério de Jesus financeiramente (LUCAS 8:1-3). O que acontecia com o dinheiro que eles doavam? Judas era o guardador da bolsa comum, e João 12:6 revela: Ele se servia do que lhes era doado. Não surpreende que a avareza, mais tarde, o levaria a trair Jesus por 30 moedas de prata (MATEUS 26:15).

O controle financeiro no Novo Testamento ajudou os líderes da Igreja primitiva a prevenirem o roubo. Por exemplo, em sua carta aos coríntios, Paulo expressou seu desejo de enviar fiéis emissários para transportar as doações ou, até mesmo, assisti--lo nesse esforço (1 CORÍNTIOS 16:1-4). Em sua segunda carta aos mesmos, ele acrescentou essa afirmação com relação à administração de sua doação aos necessitados de Jerusalém (2 CORÍNTIOS 8:20,21): "...evitando, assim, que alguém nos acuse em face desta generosa dádiva administrada por nós; pois o que nos preocupa é procedermos honestamente, não só perante o Senhor, como também diante dos homens". Paulo não queria se apropriar indevidamente dos fundos ou causar um desfalque que envergonharia o nome de Cristo ou desencorajaria a generosidade cristã.

O nosso ministério coloca os recursos em ação em conformidade com as instruções explícitas de Jesus, ou nossas decisões financeiras refletem as normas culturais dominantes? A prática do caminho comum de acumular dinheiro para os dias "tempestuosos" ou para nos preservar das quedas do mercado ou outras exigências, contradizem diretamente os ensinamentos de Jesus. Enfrentamos o desafio significativo de colocarmos os recursos divinos em uso, de forma sábia e cuidadosa, sem cairmos na tentação de deixar que esses recursos financeiros tomem o lugar de Deus como nossa fonte de segurança. Lembre-se: nosso coração sempre está onde colocamos os tesouros do Senhor.

Além disso, quão atentos estão nossos ministérios às questões de administração financeira? Quais controles estão em prática para gerir os fundos em uma base diária? Quantas pessoas estão envolvidas nesses processos, a fim de que ninguém seja tentado a se servir dos recursos divinos, como fez Judas? Finalmente, a atenção nessa área tem a ver com estabelecer sistemas que protejam nosso pessoal da tentação e que preservem a reputação de Deus.

João Wesley captura essa dinâmica, que reforça a importância de ter uma gestão financeira transparente. Quando somos obedientes, Deus normalmente nos abençoa de forma material. Se seguirmos o caminho comum, as bênçãos financeiras nos destruirão. Somente pela fidelidade em seguir o caminho do reino podemos evitar o mundanismo e continuar a participar da obra do Senhor.

> Temo que a essência da religião diminua na mesma proporção em que as riquezas se multiplicam.
> Portanto, não vejo como é possível, dada a natureza das coisas, que qualquer avivamento da verdadeira religião perdure. Pois essa religião deve produzir, necessariamente, o labor e a frugalidade, e estes não podem produzir outra coisa senão riquezas. Mas, no mesmo ritmo em que as riquezas aumentarem, também aumentarão o orgulho, a ira e o amor do mundo em todas as suas formas.[32]

Colocar os recursos e os controles em ação

Cremos que há, pelo menos, quatro coisas que os seguidores de Cristo deveriam fazer com relação à gestão financeira transparente. Estes são importantes sistemas métricos orientados por princípios eternos, pois nos ajudam a manter nossas igrejas e ministérios fiéis no manejo dos recursos divinos, o que nos coloca em posição de fidelidade.

1) *Estabeleça princípios bíblicos relacionados aos recursos antes de você os possuir.* O que faríamos se alguém doasse um carro, uma casa ou um milhão de dólares para o ministério? Temos políticas para a aceitação de ofertas? À medida que as riquezas aumentam, graças à generosa provisão divina, temos políticas de gestão de ativos para colocar esses recursos em serviço?

2) *Implemente controles financeiros.* Ninguém deveria contar a oferta na igreja, ou mexer com o dinheiro em um ministério, sem que haja processos adequados para prevenir roubos ou desvios. Isso requererá funcionários ou voluntários com habilidades contábeis e que estejam determinados a seguir os procedimentos documentados. Com o aumento do apoio recebido em formato digital, a aplicação de procedimentos especiais é necessária para assegurar a integridade desses fundos.

3) *Contrate uma empresa independente de contabilidade para prestar-lhe esse tipo de serviço.* Mesmo empresas pequenas podem utilizar-se de uma firma de contabilidade para compilar ou revisar os demonstrativos financeiros anuais e/ou realizar outros serviços. À medida que o ministério cresce, as empresas de contabilidade são, muitas vezes, contratadas para a efetuação de uma auditoria financeira anual. Embora as auditorias tenham altos custos, elas asseguram que os dados financeiros sejam apresentados adequadamente e que os controles e processos sejam efetuados

para prestar contas dos recursos de forma que seja correta diante de Deus e dos homens.

4) *Submeter-se voluntariamente ao escrutínio anual de uma organização de acreditação como a ECFA (Evangelical Council for Financial Accountability —www.ecfa.org).* A adesão aos seus elevados padrões de integridade nas áreas de governança, gestão financeira e mordomia aumentarão a confiabilidade de sua organização diante daqueles que a compõem. Além disso, a ECFA o ajudará a se manter atualizado com as leis e regulamentos que mudam frequentemente, o que pode ser confuso e complicado.[33]

Mesmo que essas sugestões possam parecer caras, os benefícios que trazem superam em muito os valores pagos. Os custos dos serviços de uma empresa de contabilidade e as taxas anuais de membresia da ECFA são pequenos se comparados à confiabilidade que esses compromissos trazem àqueles a quem eles servem. Além disso, é muito difícil se recuperar depois de ter má reputação na administração financeira. Lembre-se: os ministérios onde servimos não são nossos, são de Deus, e é em Seu nome que atuamos como mordomos, enquanto participamos com Ele em Sua obra.

Gestão baseada em relacionamentos

A forma como os líderes tratam suas equipes em igrejas e ministérios deve diferir daquela do mundo. Há dois princípios descritores, usados por Jesus, que abrangem a gestão baseada em relacionamentos: serviço e amor.

Marca n.º 7 — Servir às pessoas com humildade

O mundo vê a liderança como algo desejável, por causa do poder que vem associado a essa posição. Em Lucas 22:24-27 Jesus declara que os discípulos que tomam outro rumo são "maiores":

> *Suscitaram também entre si uma discussão sobre qual deles parecia ser o maior. Mas Jesus lhes disse: Os reis dos povos dominam sobre eles, e os que exercem autoridade são chamados benfeitores. Mas vós não sois assim; pelo contrário, o maior entre vós seja como o menor; e aquele que dirige seja como o que serve. Pois qual é maior: quem está à mesa ou quem serve? Porventura, não é quem está à mesa? Pois, no meio de vós, eu sou como quem serve.*

Jesus nos forneceu um modelo de serviço humilde durante Seu ministério terreno. Substituiu o modelo de benfeitor (que busca glória própria) para o de servo. Se você quiser ser grande no reino do Senhor, aprenda a ser servo de todos. Todo o tempo Cristo não buscou acumular poder, mas dedicou-se a distribuí-lo!

Isso é o oposto de como as coisas funcionavam no mundo do Novo Testamento. Pelo fato da posse de terras ser requisito para liderança cívica nas cidades do Império Romano, os latifundiários eram condicionados a agir no modelo de benfeitor. Senhores benfeitores estenderiam a caridade a seus clientes, desde que eles lhes prestassem algum serviço em troca. Os ricos faziam as regras e ditavam os relacionamentos.

Os líderes da Igreja Primitiva também lutavam com esse pensamento cultural dominante. Tiago 2 revela que o favoritismo era um problema real na congregação em Jerusalém. Os ricos recebiam tratamento especial, quando comparado àquele dado aos pobres. Isso sempre conduz ao desastre na comunidade da fé, pois as pessoas serão, inevitavelmente atropeladas. Pedro também exortou os líderes contra essa tendência, conclamando-os a não "dominar" sobre os que estavam sob seus cuidados, mas a servir-lhes como bom exemplo (1 PEDRO 5:3). Paulo concordou, conclamando os seguidores de Cristo a tomarem a forma de servos (FILIPENSES 2:1-11).

A gestão baseada nos relacionamentos, em que a liderança se concentra no serviço, vai ao encontro das normas sociais na antiguidade e também da atualidade. A função da gestão não é garantir resultados, conforme é declarado por quem segue o caminho comum do sucesso. Ao contrário, servimos a todos quando os ensinamos o que Cristo ordenou e ao equipá-los para as obras do serviço (EFÉSIOS 4:11,12).

Os líderes-mordomos compreendem que todos a quem servem estão numa jornada de fé. Vêm esses relacionamentos como dádivas para o servo. Oram para que Deus aja por intermédio deles para que possam ajudar cada colaborador, superior, amigo, colega de trabalho a tomar os próximos passos na jornada de se tornarem mais plenamente a pessoa que Deus planejou que fossem. Os líderes-mordomos estão livres de se concentrarem em si mesmos e em sua produção pessoal e, como consequência, promovem todos que o cercam. Os líderes que seguem o caminho comum em seu trabalho veem as pessoas como meios para chegarem aos fins. Os líderes-mordomos que são orientados pela alegre obediência veem as pessoas como fins em si mesmas. Desta forma, os líderes-mordomos encarnam a postura de servo, como Jesus, e administram as pessoas por meio de relacionamentos que frutificam e que trazem resultados ao reino.

Aprendendo a servir como Jesus

Servir é trabalho árduo, e fica ainda mais difícil à medida que Deus expande o escopo de nossa liderança. Considere a aplicação dessas três ideias:

1) *Comecem por servir uns aos outros.* Suportar os fardos uns dos outros e se preocupar com seus irmãos e irmãs na comunidade da fé é, provavelmente, o maior testemunho que deixamos para o mundo. Também estabelece um bom exemplo sobre o que significa ser cristão para todos os que estão nos observando. Não devemos complicar demais, ao contrário, devemos servir humildemente, dia após dia.

2) *Observe os sinais de disputa de poder.* A liderança cristã não tem a ver com dissimular egoisticamente para obter poder fazendo jogos políticos. Deve refletir o serviço ao próximo altruisticamente. Se as disputas de poder emergirem, deveremos trazê-las à luz falando honestamente sobre elas. Tais lutas aparecem por todo o Novo Testamento. O que acontecera em Corinto não tinha a ver com Paulo ou Apolo, era obra de Jesus (1 CORÍNTIOS 3:1-19). Também em Filipos não era sobre Evódia e Sínteque — era sobre Cristo (FILIPENSES 4:2,3).

3) *Desenvolva líderes num formato descendente.* Por mais que seja nobre desejar papéis de liderança, devemos ajudar os líderes emergentes a entender que a estrada para a

liderança é uma inclinação descendente de autonegação e humildade. Ministérios profundos começam quando se faz o trivial com alegria semelhante à de Cristo. Em uma cultura que equipara a aquisição de poder com as realizações da liderança, precisamos desenvolver homens e mulheres que tomarão a toalha e a bacia e verão esse serviço, em nome de Cristo, como seu chamado mais elevado.

Marca n.º 8 — Fazer tudo com amor

Deus, que é amor, enviou Seu Filho para realizar a salvação da humanidade, motivado pelo amor (JOÃO 3:16). Quando lhe perguntaram qual era a coisa mais importante para que as pessoas se lembrassem, Jesus proclamou: "Amarás, pois, o Senhor, teu Deus, de todo o teu coração, de toda a tua alma, de todo o teu entendimento e de toda a tua força. O segundo é: Amarás o teu próximo como a ti mesmo. Não há outro mandamento maior do que estes" (MARCOS 12:30,31).

Nosso amor a Deus deveria ser demonstrado ao amarmos às pessoas (1 JOÃO 4:20), pura e simplesmente. Este amor não discrimina entre cristãos e não-cristãos, pessoas do mesmo grupo étnico e aquelas de culturas diversas, pessoas da mesma classe socioeconômica e pessoas de níveis diferentes.

Para definir "ame ao seu próximo", Jesus contou a história do bom samaritano (LUCAS 10:25-37). Para os judeus, os samaritanos seriam, provavelmente, os últimos a quem pensariam em demonstrar amor. Nesta parábola, Jesus ensinou que nosso próximo é qualquer pessoa necessitada que cruze nosso caminho. Os discípulos da Igreja Primitiva eram como os líderes religiosos da história, ou seja, muito ocupados para parar e ajudar? Ou eles estendiam o cuidado aos necessitados de forma que era contrária às normas culturais?

As evidências revelam que a Igreja Primitiva tinha fama de amar a Deus e ao próximo. Provavelmente era assim, pois era isso que seus líderes, como Paulo, os instruíam a fazer: "Todos os vossos atos sejam feitos com amor" (1 CORÍNTIOS 16:14). Da mesma forma, Paulo encorajou Timóteo a permanecer em Éfeso, apesar da heresia e da oposição que estavam presentes nesta igreja, tendo um objetivo semelhante: "Ora, o intuito da presente admoestação visa ao amor que procede de coração puro, e de consciência boa, e de fé sem hipocrisia" (1 TIMÓTEO 1:5).

Os seguidores de Cristo são exortados, em todo o Novo Testamento, a demonstrar seu amor a Deus praticando boas obras. Estas variavam desde alimentar os famintos e cuidar de viúvas e órfãos, até à prática da hospitalidade e do compartilhar com os necessitados. Devemos oferecer essa assistência aos da comunidade da fé e, também, aos que não participam dela (GÁLATAS 6:10,11).

O que está em jogo aqui? Nossa tendência no caminho comum que usa a gestão orientada por resultados é de amar o dinheiro e usar as pessoas. No caminho do reino, que é guiado pela gestão orientada pelos relacionamentos, nosso objetivo é amar as pessoas e usar o dinheiro! Qual expressão as pessoas usariam para descrever melhor nossa vida e serviço? Temos uma reputação pessoal como a de Dorcas em Atos 9:36, por nossas boas obras e cuidado com os pobres, ou como a de Cornélio em Atos 10:2, que temia a Deus e doava generosamente para os necessitados? A nossa igreja manifesta entusiasmo por ajudar aqueles que enfrentam necessidades, como demonstrava a igreja da Macedônia (2 CORÍNTIOS 8:1-6)?

A gestão baseada em relacionamentos exige que trilhemos a jornada da vida com as pessoas. Amar o próximo é estar presente em tempos bons e ruins. Significa colocar suas necessidades e objetivos acima dos nossos. Demanda que coloquemos de lado nossos próprios interesses para que caminhemos com nosso próximo para ajudá-lo a conquistar os seus. Essas são atitudes altruístas que fluem do coração de um mordomo fiel e de um líder-mordomo. Esses comportamentos não são encontrados nas listas de técnicas eficientes de gestão. São difíceis de se manter, exigem mais tempo e são mais difíceis de serem mensurados. Mesmo assim, refletem a ética do reino de Deus. Se devemos servir e gerir outros a partir de uma ética de amor, que é praticada por meio do trabalho de um líder-mordomo, isso exigirá que repensemos nossas práticas administrativas, redefinamos nossos processos de avaliação de recursos humanos e treinemos novamente nosso pessoal.

Isso parece impraticável? Bem, será, se o fizermos em nossa própria força na tentativa de atrelar ao novo comportamento práticas seculares próprias do caminho comum. No entanto, se um corpo de seguidores de Cristo adotar essa abordagem à sua gestão, como parte de um compromisso de toda a igreja ou ministério de seguir o caminho do reino que temos apresentado aqui, cremos que ela se provará como a forma mais eficaz e fiel de encorajar o povo de Deus à frutificação.

Desenvolvendo um testemunho cristão

Se, como cristãos, devemos ser conhecidos por nosso amor, nós o temos praticado? Ou somos como os líderes religiosos da história do bom samaritano, que desprezaram o débil e ferido, porque tinham coisas a fazer e lugares a ir? E se inventar formas criativas de demonstrar amor fosse uma prioridade em nossa agenda diária, calendário eclesiástico semanal, ou evangelismo mensal? Isso iria fortalecer o seu testemunho? Considere desenvolver três práticas para gerar um testemunho de amor.

1) Comprometa-se, pessoalmente, a refletir o amor de Deus. Este é o amor divino que ousa ser diferente. Para aumentar nosso amor pelos outros, devemos permitir que Ele expanda nosso coração, enquanto meditamos em Seu amor generoso. Quando o fizermos, não poderemos deixar de estender amor, como disse Teresa de Ávila:

> Que agrade à Sua Majestade que a extraordinária generosidade a qual Ele demonstrou a esta miserável pecadora sirva para encorajar e despertar aqueles que a leem a abandonar completamente tudo por Deus. Se Sua Majestade nos retribui tão plenamente, que até mesmo nessa vida a recompensa e o ganho obtidos por aqueles que o servem são claramente vistos, como será a recompensa na próxima vida?[34]

Como Deus moverá nosso coração através da meditação em Seu amor? Separe um tempo por uma semana ou um mês para tal exercício com outra pessoa ou grupo pequeno.

Compartilhem como Deus atuou durante esta experiência. Pode ser revolucionário!

2) O amor, muitas vezes, floresce na comunidade quando as pessoas servem juntas. Viagens missionárias curtas e projetos sociais são grandes exemplos disso. Essas atividades ajudam a família da igreja a crescer espiritualmente por demonstrarem, em comunidade, amor ao próximo. Normalmente nos inscrevemos para esses eventos achando que se trata de uma tarefa que buscamos cumprir quando, na realidade, a obra que Deus faz em nós por meio do serviço é transformadora. Quando abençoamos os outros, somos igualmente abençoados. Aqueles que não participam perdem a bênção.

3) Pare de moldar e comece a deixar florescer. Se amamos nosso próximo como Cristo manda e se tivermos uma abordagem de líder-mordomo para os desejados resultados do reino, buscaremos trabalhar em consonância com o Espírito Santo para ajudar aqueles que nos cercam por meio de um processo de florescimento. Pense numa flor na primavera. Quando mais ela se abre, mais linda se torna. Essa é a alegria e o privilégio que temos como seguidores de Cristo que servem os outros em amor. Os líderes-proprietários tentar moldar as pessoas no formato que melhor servirá a eles, sua organização e aos resultados que os dirige. Estamos moldando aqueles que nos cercam ou deixando-os florescer?

Visão dos recursos guiada pela mordomia

As duas últimas marcas de um ministério centrado em Cristo tratam de nossa mordomia dos recursos. A primeira se relaciona à dotação espiritual. Os líderes ministeriais centrados em Cristo reconhecem que o Espírito Santo é o poder do ministério, assim eles auxiliam os seguidores de Cristo a discernirem seus dons. Isso coloca os membros do Corpo de Cristo em posição de usar seus dons para abençoarem uns aos outros. A segunda marca ligada a uma *visão dos recursos guiada pela mordomia* engloba os ativos, as entradas e outras propriedades. Jesus dá aos mordomos instruções explícitas sobre o que fazer com eles, e estas são radicais se comparadas ao mundo.

Marca n.º 9 — Mobilizar pessoas com dons espirituais

Perto do fim de Seu ministério terreno, Jesus consolou Seus discípulos com a verdade de que Ele enviaria outro Consolador que sempre estaria com eles (JOÃO 14). O Espírito Santo também serve como Mestre e Guia. Pouco antes de Sua ascensão ao céu, Jesus acrescenta que o Espírito Santo lhes daria poder para serem Suas testemunhas em sua cidade, nação e até os confins da Terra (ATOS 1:8).

Por todo o livro de Atos, o Espírito Santo aparece como o personagem principal: orientando, dirigindo e fomentando a missão na Igreja Primitiva. O povo de Deus não faz o ministério acontecer, o Espírito Santo, sim. Francis Chan afirma: "Quando os cristãos vivem no poder do Espírito, a evidência da vida deles é sobrenatural. A igreja só pode ser diferente, e o mundo não pode deixar de notá-lo".[35]

Paulo lista os dons do Espírito e exorta as pessoas a usarem os que lhes foram dados para o bem-comum, como membros do Corpo de Cristo (1 CORÍNTIOS 12; EFÉSIOS 4; ROMANOS 12). Paulo também fornece o modelo para fazer as pessoas participarem com Deus em Sua obra: ajude-os a discernir seus dons para que saiam das arquibancadas e entrem no jogo. Nos escritos deste apóstolo a jovens líderes como Timóteo, aprendemos como inspirar as próximas gerações de líderes a usar seus dons. Em 2 Timóteo 1:6 ele escreve para lembrar Timóteo de "reavivar o dom de Deus". Tanto nas cartas às igrejas quanto nas instruções individuais, os seguidores de Cristo devem se envolver na obra de Deus, empoderados pelos dons do Espírito!

Devemos lembrar que pessoas com dons específicos não devem ser usadas como peças de um jogo de xadrez. Mesmo que possa ser normal os líderes seniores indicarem pessoas talentosas para o serviço em áreas específicas, não devemos descrevê-las como bens ativos que nós utilizamos. Este é o pensamento que vem à tona dos líderes no caminho comum. Ao contrário disso, no caminho do reino devemos celebrar nossa interdependência mútua que está enraizada em nossos dons espirituais. O Corpo de Cristo floresce somente quando o povo de Deus discerne e se posiciona da maneira como o Senhor os equipou.

O que estamos fazendo para ajudar o povo de Deus a discernir seus dons? Estamos fazendo a ponte entre as pessoas com dons e as oportunidades para o voluntariado? Normalmente não mobilizamos pessoas no serviço, porque agimos como se devêssemos pagar para que a obra de Deus seja realizada. Na Igreja Primitiva e em grande parte da história da Igreja, os voluntários, não pessoas remuneradas, fomentaram o ministério.

Levando pessoas a encontrar seu lugar no Corpo de Cristo

Textos como os de 1 Pedro 4:10 nos relembram de que devemos usar os dons que Deus nos deu para fazer conhecida a multiforme graça do Senhor. Em outras palavras, as pessoas deveriam ver Cristo por intermédio de Seu povo usando os dons em comunidade. Não devemos pressupor que as pessoas conheçam seus dons. Para auxiliá-lo nesta área, sugerimos as duas práticas a seguir.

1) *Faça um inventário de dons espirituais.* Embora você já possa tê-lo feito, talvez várias vezes, encontre um novo e aplique-o novamente. Você pode se surpreender. Novos dons, que correspondem à sua situação atual de serviço ou ministério, podem estar emergindo. Em vez de implementá-los, ore por maneiras de colocar seus dons em ação de novas formas. Quando você conversa sobre suas descobertas, pode confirmar seus dons e desafiar outros a discernir os deles.

2) *Ofereça ao povo de Deus um instrumento sobre dons espirituais que lhes mostre que os diferentes dons devem ser colocados em prática na igreja ou nos ministérios.* As pessoas gostam de participar em conjunto da obra de Deus, e não devemos esquecer que isso é muito especial. Henry Nouwen concorda: "Pergunto-me quantas igrejas e organizações de caridade percebem que a comunidade é um dos maiores presentes que têm a oferecer".[36] Você facilita às pessoas o uso dos dons que possuem, dados por Deus, para atuarem com você na comunidade? Se não, comece hoje.

Marca n.º 10 — Generosidade cristã radical

Provavelmente, não há afirmação mais radical sobre a generosidade cristã do que esta: "Porque Deus amou ao mundo de tal maneira que deu o seu Filho unigênito, para que todo o que nele crê não pereça, mas tenha a vida eterna" (JOÃO 3:16). E por mais que todos os livros do mundo não pudessem conter os atos de generosidade que Cristo realizou (JOÃO 20:30,31), pelo menos três categorias para descrevê-los vêm-nos à mente. Em cada uma delas encontramos evidências de que a Igreja Primitiva também imitava a generosidade radical de Jesus.

1) *A generosidade cristã é plena de graça e não baseada na lei.* Quando o Verbo se fez carne e habitou entre nós, Ele estava cheio de graça e verdade (JOÃO 1:14). Já que Ele cumpriu a lei por nós, quando se trata de doar Jesus não instruiu aos discípulos a dizimar? Por quê? Pois esta é a linguagem da lei. A única vez que Ele fala do dízimo é quando repreende os líderes religiosos por seu orgulho em dizimar até a hortelã e temperos, ao mesmo tempo em que falhavam em demonstrar amor e justiça (MATEUS 23:23). Por outro lado, Jesus chama Seus seguidores a dar a Deus o que é de Deus (LUCAS 20:25). E o que é de Deus? Tudo!

Paulo afirma que Deus deseja nosso coração e nossa vida como sacrifícios vivos. Ele nos lembra de que o crescimento nesta área é firmado na graça: "Como, porém, em tudo, manifestais superabundância, tanto na fé e na palavra como no saber, e em todo cuidado, e em nosso amor para convosco, assim também abundeis nesta graça" (2 CORÍNTIOS 8:7). Também estimula a que nossa motivação esteja ligada à gratidão. À medida que somos abençoados, que abençoemos outros na mesma proporção. Somos convidados a viver desta forma, não porque temos que fazê-lo por compulsão, mas porque podemos manifestar nosso coração cheio de compaixão.

2) *A generosidade cristã serve aos pobres, em vez de mostrar favoritismo aos ricos.* No começo de Seu ministério, Jesus proclama as boas-novas aos pobres (LUCAS 4:18,19). Toca até mesmo os destituídos, considerados culturalmente como impuros e, ao fazê-lo demonstra que o amor de Deus é para todos. Ele convidou os pobres a segui-lo e disse aos ricos que abandonassem suas riquezas antes de embarcar na jornada.

Tiago falou explicitamente contra o favoritismo na Igreja Primitiva (2:1-12). Por quê? A generosidade no mundo cultural do Novo Testamento operava concomitantemente com as linhas do favoritismo. A pessoas somente doariam àqueles que lhe dessem honra, bonificação e serviço em troca. Uma vez que os pobres não podiam oferecer nada de valor, não recebiam nada de valor. Jesus transtorna essa norma social, ou melhor, coloca-a na perspectiva correta!

3) *A generosidade cristã é dirigida, de forma missional, às pessoas para o seu regozijo e compartilhamento na comunidade, ao contrário de acumular propriedades terrenas para uso pessoal.* Os seguidores de Cristo compartilhavam seus recursos numa bolsa comum, à qual eles sustentavam pessoalmente (JOÃO 13:29, LUCAS 8:3). Não temos relatos de que o dinheiro fosse gasto em qualquer coisa que não as necessidades das pessoas. Embora Jesus aproveitasse da provisão de comida e bebida, Ele não tinha um lugar

especial onde repousar Sua cabeça durante o início de Seu ministério.

A Igreja Primitiva seguia esse padrão. Compartilhavam tudo em comum (ATOS 2:42-47). Apoiavam financeiramente aqueles que trabalhavam para ensinar e aqueles que partiam em missões. Em consequência disso, ninguém tinha falta de nada entre eles, incluindo os missionários! Pelo restante do Novo Testamento, a linguagem é ligada a ter de dividir tudo no ministério (GÁLATAS 6:6) e participar do evangelho (FILIPENSES 1:3-5). O que é mais irônico é que não há registros de que as igrejas possuíssem prédios. Reuniam-se em casas. Investiam seus rendimentos e tesouros em missões e em pessoas, não em prédios e propriedades.

Por que analisar essas três áreas nos evangelhos e na Igreja Primitiva? Elas nos indicam a mordomia, pela qual todos seremos convocados a dar contas (LUCAS 16:1-9). Charles Hale falou das implicações celestiais que estão associadas à nossa mordomia. O fracasso nesta área poderia influenciar desfavoravelmente nosso destino eterno (LUCAS 16:1-9):

A exigência encontrada neste texto logo será feita a todos nós: "Presta contas de tua mordomia, pois podes não mais ser um mordomo". Vamos entender a pergunta que foi feita a cada um de nós agora: Poderíamos dar contas à alegria? Ou poderia não ser assim, no caso da franca maioria, para nossa profunda vergonha e lamento? Os talentos pelos quais teremos que prestar contas são todas as oportunidades de honrar a Deus fazendo o bem ao nosso semelhante. Mas, como as investigações são mais bem conduzidas quando deixamos as generalidades e vamos às particularidades, que nesta ocasião — colocando de lado, por enquanto, as considerações sobre saúde, força, influência e habilidades mentais — perguntemos a nós mesmo como temos usado, como estamos usando, os bens que Deus confiou às nossas mãos. A questão é mais importante do que estamos aptos a pensar. É nosso próprio Salvador quem pergunta: "Pois, se vocês não forem honestos com as riquezas deste mundo, quem vai pôr vocês para tomar conta das riquezas verdadeiras?" (LUCAS 16:11 NTLH). O dom de Deus não pode ser comprado com dinheiro, mas o dinheiro mal usado pode nos levar a perder o céu.[37]

Outras chocantes afirmações aparecem em outro lugar no Novo Testamento. Os cristãos aprenderam que o propósito do trabalho não é meramente se preocupar com as necessidades dos membros da família, mas também com ter algo para compartilhar com os outros. Falhar no compartilhar do fruto do seu trabalho é retratado como roubar (EFÉSIOS 4:28), da mesma forma que a falha em entregar o dízimo era roubar a Deus (MALAQUIAS 3:8-12). Muitos líderes da Igreja Primitiva ecoaram esse ponto de vista. As pessoas que tinham o amor de Deus em si compartilhavam com os necessitados (1 JOÃO 3:17). À medida que Deus abençoa as pessoas, elas devem desfrutar e partilhar Suas ricas bênçãos, e essas instruções não aparecem como sugestões, mas como um mandamento (1 TIMÓTEO 6:17-19).

Qual a recompensa para os ricos obedientes que desfrutam e compartilham tudo o que Deus ricamente lhes provê? Eles percebem que a vida que tinham ligada ao dinheiro não é nada em comparação com a vida em Deus. Como Jesus disse ao jovem rico, é cem vezes melhor (MARCOS 10:17-31).

Estamos encorajando as pessoas a dar somente uma porcentagem de seu tempo e recursos ou os incentivamos a participar, com tudo o que são e têm, com Deus em Sua obra? Estamos usando a terminologia da lei ou a linguagem da graça relacionada ao ofertar?

Nossos ministérios servem aos pobres ou demonstram favoritismo? Estamos encorajando as pessoas a doarem com coração missionário para que todos aproveitem e compartilhem? Ou parece que queremos que elas derramem seu dinheiro em prédios ou na aquisição de outras propriedades? Isso importa?

Um pastor, que trabalha nos princípios do caminho comum, expressou que em vez de semear princípios bíblicos relativos à generosidade, ele só desejava saber quais meios poderia usar para fazer-lhes doar mais 5% para que pudessem ter os recursos para quitar o título de uma propriedade. Esse seria nosso enfoque? Ou deveriam os pastores ensinar princípios de mordomia para que a generosidade obediente, que reflete o que Jesus instruiu, brote nas pessoas para que estejam preparadas para dar conta de sua mordomia?

Preparando-se para ouvir as palavras "Muito bem!"

Neste último ponto ligado à mordomia de recursos materiais e financeiros, há muito em jogo. A vida e a eternidade estão, literalmente, a um passo de distância. Não estamos dizendo que você pode ganhar sua salvação com o caminho que escolher. Estamos afirmando que viver em função do dinheiro pode levá-lo a perder o céu porque Jesus diz que não podemos servir a Deus e ao dinheiro.

A questão é: Você se apoderará dessa vida e ajudará outros a fazerem o mesmo? Ofereceremos três considerações para que haja crescimento nesta área e para que encorajemos os demais a assumirem essa vida que é a verdadeira (1 TIMÓTEO 6:19)!

1) *O evangelho, e não as opiniões modernas, deve orientar nossa mordomia e os debates sobre a generosidade.* David Platt sabiamente afirmou:

> Precisamos, desesperadamente, explorar o quanto de nossa compreensão do evangelho é americana e o quanto é realmente bíblica. E, neste processo, necessitamos examinar se temos desenvolvido uma resposta errônea ao evangelho. Pode ser que tenhamos perdido a principal recompensa do evangelho, que é o próprio Deus.[38]

Este é o cerne de nossa mensagem neste livro. Qualquer análise de comportamento deve ser avaliada pelas Escrituras, e não por normas sociais. Só porque os cristãos agem de certa maneira, isso não quer dizer que seja certa ou errada, especialmente quando é a Jesus Cristo que cada cristão responderá, um dia. Nosso apelo é para que vivamos de forma a ouvi-lo dizer: "Muito bem!". Se um retorno às Escrituras como nosso filtro para a vida e liderança levar as pessoas ao arrependimento, reavivamento ou a outro Grande Avivamento, que Deus seja louvado!

2) *O crescimento pessoal só poderá acontecer quando avaliarmos nossa situação financeira e espiritual e virmos o que precisa ser colocado em ordem.* Estamos colocando os recursos que Deus nos deu em ação? Estamos acumulando tesouros na Terra ou no céu? Ou estamos tentando fazer

ambos, quando Jesus especificamente nos disse que não o fizéssemos? Nossas despesas demonstram que estamos promovendo o evangelho e cuidando dos pobres? Estamos vivendo dentro dos limites de nossos recursos para que tenhamos algo a compartilhar com os necessitados, ou estamos escravizados ao débito porque, em algum momento do caminho, acreditamos que a vida é encontrada nos bens? Colocar nossa casa em ordem é o primeiro passo crucial para ajudar aos outros.

3) *Depois de usar o evangelho como guia de nossas conversas, e colocarmos nossa casa em ordem, precisamos avaliar os relatórios financeiros de nosso ministério.* Pesquise de onde vem o dinheiro e para onde ele está indo. Nosso ministério recebe suporte da maior parte de nossas famílias ou de apenas poucas delas? Em outras palavras, estamos gerando doadores? Estamos investindo em prédios ou estamos fazendo discípulos? Nossas finanças refletem cuidado com o pobre? Estamos separando recursos para missões? Estamos pagando salário justo aos nossos líderes (1 TIMÓTEO 5:18)? Quanto de nossa renda se torna débito? Temos sido escravos do excesso de despesa? Estamos investindo dinheiro em coisas que não têm valor eterno e que não são necessárias para cumprirmos nossa missão? Fale sobre isso com a sua equipe de liderança. Desenvolva uma estratégia de mudança em qualquer área que não esteja alinhada aos ensinamentos de Jesus.

Resumo: Dez marcas

O objetivo deste capítulo foi mapear o caminho no qual devemos seguir a Cristo e ajudar-nos a observá-lo atentamente. Ao fazê-lo, percebemos dez características que englobam o curso tomado pelos primeiros discípulos e que marca o caminho do reino para que o sigamos obedientemente hoje. Devemos nos submeter ao Pai, enquanto somos cheios, guiados e empoderados pelo Espírito. Esse é o sistema pelo qual devemos atuar. Não podemos agir de nenhuma outra forma, se queremos ser líderes-mordomos!

Para que permaneçamos nos trilhos, empregamos estratégias focadas na fidelidade que se relacionam ao planejamento estratégico em oração e ao levantamento de recursos para o reino. Novamente, podemos pensar neles como os programas que aplicamos perpetuamente. Depois, utilizamos sistemas de medição orientados por princípios eternos que estão especificamente ligados à prestação de contas ministerial e à administração financeira transparente. Nós o praticamos quando demonstramos integridade diante de Deus e do homem.

Nossa postura para a gestão não é orientada por resultados, mas pelo cultivo de relacionamentos. Nosso alvo é seguir o exemplo de Cristo e servir humildemente às pessoas, fazendo tudo com amor. Por último, aliamo-nos a visão de mordomia dos recursos e buscamos mobilizar pessoas com dons espirituais. Queremos ajudar o povo de Deus a encontrar um lugar no ministério do reino que se relacione com os dons que o Senhor distribuiu entre seus membros. Também exortamos todos a demonstrar generosidade cristã radical.

Como líderes, devemos servir de modelo do caminho da obediência. Agimos assim quando colocamos tudo o que somos e temos em ação para tornar o evangelho conhecido.

Conclusão: Faça a escolha!

Nosso objetivo neste livro é ajudá-lo a redefinir o sucesso, prepará-lo para reagir às três tentações do diabo e mapear o caminho da busca centrada em Cristo, para obter resultados do reino. A escolha em seguir o caminho comum ou o caminho do reino é sua.

Terminamos com as palavras inspiradoras de Jonathan Edwards (1703-58), pois oramos para que este livro seja a fagulha inicial de um avivamento:

> Deveríamos andar no caminho de obediência a todos os mandamentos divinos, dos mandamentos difíceis até os mais fáceis. Deveríamos trilhar o caminho da autonegação, rejeitando todos os nossos interesses e inclinações pecaminosas. O caminho ao céu é para cima, precisamos ficar felizes ao subir a montanha, embora isso seja difícil e cansativo, apesar de ele ser contrário às tendências e padrões de nossa carne que se inclina para baixo, para a Terra. Deveríamos seguir a Cristo no caminho que Ele percorreu. O caminho que Ele seguiu era o caminho correto que leva ao céu. Devemos tomar nossa cruz e segui-lo.[39]

Capítulo 7

Guia de estudo e recursos práticos para buscar os resultados do reino

A grande questão que o mundo enfrenta, hoje, com todas essas comoventes necessidades é se aqueles que, por confissão ou cultura, são identificados como "cristãos" se tornarão discípulos — alunos, aprendizes e praticantes — de Jesus Cristo, firmemente aprendendo dele como viver a vida do reino dos céus em todos os recantos da existência humana. Eles sairão de suas igrejas para ser Sua Igreja — ser, sem força e violência humana, Sua força poderosa para o bem na terra, atraindo igrejas a segui-los para os eternos propósitos de Deus? E, em sua própria medida, não há questão maior que seja enfrentada pelo ser humano individual seja ele cristão ou não.[40]

DALLAS WILLARD

Não queremos que os leitores cheguem ao final deste livro e não tenham as ferramentas para entrar em ação e estimular outros a se unirem a eles. Por esta razão, incluímos um guia de estudo, bem como cinco recursos práticos para que se busque os resultados do reino.

Oramos para que as equipes de liderança da igreja, diretorias executivas e grupos pequenos leiam este livro e façam a escolha. Esperamos que as diretorias, executivos e funcionários dos ministérios façam o mesmo! E, como resultado, visualizamos o poder sendo restaurado à Igreja do Senhor, como o acender da luz na igreja apagada da pintura *Noite estrelada de Van Gogh*, que está na capa deste livro. Isso pode acontecer quando todo o Corpo de Cristo, conjuntamente, escolher o caminho do reino.

Guia de estudo para que se escolha o caminho do reino!

Este guia de estudo pretende auxiliar os leitores a processar o conteúdo e as perguntas contidas em cada capítulo, tanto individualmente quanto em grupo. Nós o encorajamos a ler cada capítulo, explorar as questões para discussão, meditar nas Escrituras a eles relacionadas e orar sobre como o Espírito de Deus pode estar conduzindo-o a reagir a este conteúdo. E para que não sejamos simplesmente ouvintes da Palavra de Deus, mas praticantes do que ela diz, cada seção o convoca à ação, isto é, à determinação de reagir em obediência.

Capítulo 1

Leia: Como definimos e mensuramos o sucesso?

Explore: Questões para discussão

1. Qual foi a sua reação à citação de Thérèse de Lisieux no início deste capítulo?

2. Você já definiu o sucesso em termos de resultados e o mediu em termos de pessoas, dinheiro ou propriedades? Como foi isso em sua vida, igreja ou em outro cenário ministerial?

3. Quando você lê a expressão "liderança guiada pela produção", o que lhe vem à mente?

4. Você já implementou estratégias voltadas à expansão, avaliando-as por sistemas de medição orientados por princípios terrenos?

5. Como tratamos as pessoas e recursos quando atuamos no modelo de gestão orientado para resultados e temos uma visão utilitária dos recursos?

6. Qual foi sua reação ao comentário de Phil Vischer? Como seria para você parar de buscar impacto e, em vez disso, buscar a Deus?

7. Você lembra de alguém que demonstra liderança baseada na mordomia? Descreva essa pessoa.

8. Como seria, onde você serve, a estratégia focada na fidelidade e avaliada por sistemas de medição orientados por princípios eternos? E quais medidas qualitativas poderiam ser implementadas para garantir que as coisas permaneçam nos trilhos?

9. Qual foi sua reação ao desafio citado, de autoria de Chuck Colson, sobre a importância de se fazer escolhas?

10. Por que é importante para os seguidores de Cristo escolherem o caminho do reino, em vez do caminho comum?

Medite: Reflita sobre as passagens bíblicas a seguir: 1 Coríntios 4:1,2; João 5:19; 14:10; 15:4; Mateus 28:19,20; João 13:35; 2 Timóteo 1:6.

Ore: Em que direção o Espírito Santo o está guiando?

Aja: O que significa obediência, neste contexto? Como você definirá e mensurará o sucesso daqui para frente?

Capítulo 2

Leia: As mentiras do inimigo: Três tentações que todos nós enfrentamos

Explore: Questões para discussão

1. Qual foi a sua reação à citação de C. S. Lewis, no início desse capítulo?

2. Qual é o seu alvo? Em outras palavras, em que você concentra suas energias?

3. O que lhe vem à mente quando lê sobre controle, e por que você acha que somos tão seduzidos por ele?

4. Qual é o contrário de ser controlador ou de tomar o controle?

5. Diz-se que ídolo é qualquer coisa sem a qual você não consegue viver. Quando lê sobre a idolatria, sua mente pode se voltar aos deuses feitos de madeira ou pedra. Mas quais são os ídolos no mundo contemporâneo?

6. Como Mamon veio a se tornar ídolo para o ministério?

7. Qual foi a sua reação à citação de Filo, um contemporâneo de Jesus? Essa descrição o leva a pensar nos líderes ministeriais atuais? De que forma?

8. Quando você lê sobre orgulho, o que lhe vem à mente, e de que maneira os seguidores de Cristo são tentados por ele?

9. Fomos criados por Deus para sermos amados, aceitos e valorizados. Longe do Senhor, onde as pessoas buscam amor, aceitação e valorização?

10. Por que é importante o fato de Jesus ter enfrentado e vencido essas tentações antes do início de Seu ministério terreno?

Medite: Reflita sobre as passagens a seguir: 1 João 2:15-17; Números 20:1-3; Gênesis 16; Mateus 14:13-21; 1 Timóteo 3:3; 6:10; Mateus 4:1-11.

Ore: Em que direção o Espírito Santo o está guiando?

Aja: O que significa obediência, neste contexto? Como podemos responder às tentações do inimigo?

Capítulo 3

Leia: Pedras em pão: A tentação do controle

Explore: Questões para discussão

1. Em sua opinião, por que é importante o local onde a tentação "pão em pedra" aconteceu?

2. Jesus tinha o poder e a necessidade de fazer o milagre. Ele estava faminto. O que você acha que estaria em jogo se Ele tivesse sucumbido à esta tentação?

3. Você acha que somos mais bem-sucedidos se estivermos no controle de nossa vida e destino?

4. Qual sua reação às citações de Andrew Murray e do irmão Lawrence?

5. Se o inimigo ataca onde estamos fracos e vulneráveis, ou seja, nas coisas pequenas, quais são estas áreas em sua vida atualmente?

6. Você pode citar uma área de sua vida e/ou liderança em que poderia assumir o controle, se quisesse, mas na qual precisa resistir a esse apelo?

7. O maligno quer que nos centremos no que é imediato, em vez de no quadro geral. Quais são as implicações para isso?

8. Você pode mencionar uma área em que o impulso para entregar resultados levou você ou alguém que conhece a ser tentado a cumprir esse expediente, em vez de ser obediente?

9. Quais mudanças precisam acontecer para que você abra mão do controle no planejamento estratégico relacionado ao seu trabalho ou do futuro de sua vida pessoal?

10. Qual sua reação à citação final de Henry Blackaby, e como ela se relaciona à sua vida?

Medite: Reflita sobre as passagens bíblicas a seguir: Lucas 4:1-4; Deuteronômio 8; Mateus 4:4; 1 Samuel 13:1-15; 1 Coríntios 2:1-5; 1 Pedro 5:5-11; João 15:5.

Ore: Em que direção o Espírito Santo o está guiando?

Aja: O que significa obediência, neste contexto? Como você resistirá à tentação do controle?

Capítulo 4

Leia: Tudo isso te darei: a tentação da idolatria

Explore: Questões para discussão

1. Em sua opinião, por que é importante o local onde a tentação "tudo isso te darei" aconteceu?

2. Quais são os nossos lugares altos hoje em dia? Em outras palavras, somos confiáveis em colocar os recursos de Deus em ação, ou estabelecemos redes de segurança financeiras, para o caso do plano de Deus para nós diferir dos nossos próprios planos?

3. Se somos escravos de qualquer coisa que pensamos possuir, defina são as coisas que nos escravizam hoje?

4. Você acredita que é necessário dinheiro para o ministério acontecer? Se não, qual é a única coisa que se requer para que ele aconteça?

5. O que podemos fazer para nos assegurar de que não estamos servindo Mamon e agindo como amantes do dinheiro, como os líderes religiosos do tempo de Jesus?

6. O que acontece atualmente quando cometemos o pecado descrito por Tozer como a "monstruosa substituição"?

7. Se rejeitar os ídolos é abandonar as coisas falsas para que nos apossemos das verdadeiras, como cometemos o pecado da idolatria, em nossa vida pessoal e no ministério, quando falamos de sustentabilidade financeira?

8. De que forma Deus deseja que nossa vida e ministérios sejam sustentados?

9. Hatmaker testificou que o reino avança "na medida da obediência comum". Você pode citar os tipos de comportamento aos quais isso se refere na vida de uma pessoa e no cenário ministerial?

10. Qual a sua reação à citação final de Agostinho?

Medite: Reflita sobre as passagens bíblicas a seguir: Lucas 4:5-8; Marcos 12:38-40; Deuteronômio 6; 2 Coríntios 8:21; Mateus 6:32, 7:7-11.

Ore: Em que direção o Espírito Santo o está guiando?

Aja: O que significa obediência, neste contexto? Como você resistirá à tentação da idolatria?

Capítulo 5

Leia: O salto para a fama: a tentação do orgulho

Explore: Questões para discussão

1. Em sua opinião, por que é importante o local onde a tentação do "salto para a fama" aconteceu, especialmente em se relacionando à inauguração do ministério terreno de Jesus?

2. Satanás manipulou as Escrituras com essa tentação. Somos culpados de fazer o mesmo, como podemos evitar isso?

3. Podemos ser populares, até mesmo famosos, e conseguir grandes coisas, e mesmo assim perdermos a chance de participarmos com Deus em Sua obra? Quais exemplos lhe vêm à mente enquanto você responde a essa pergunta?

4. Se nossas ações revelam a condição de nosso coração, quais dessas ações comunicam que há orgulho em nosso coração?

5. Para evitarmos os efeitos prejudiciais do orgulho, como podemos ver cada decisão como uma oportunidade de discernir o plano de Deus para a igreja ou ministério onde servimos? Em outras palavras, quais as mudanças que precisamos efetuar para transformar isso em realidade?

6. Como o orgulho surge em nossa tomada de decisões pessoais ou profissionais?

7. Qual a sua reação à citação de Hudson Taylor?

8. A nossa autopercepção orgulhosa poderia ser nosso maior fator limitante? Como podemos nos tornar nosso pior inimigo?

9. Explique como as nossas agendas lotadas refletem orgulho e o desejo de sermos aplaudidos pelos outros.

10. De que maneira podemos descansar em Deus apesar do ritmo acelerado do mundo em que vivemos?

Medite: Reflita sobre as passagens bíblicas a seguir: Lucas 4:9-13; Êxodo 17; Filipenses 2:1-11; Atos 16:7,8; Mateus 11:28-30; Marcos 6:31; Tiago 4:4-10.

Ore: Em que direção o Espírito Santo o está guiando?

Aja: O que significa obediência, neste contexto? Como você resistirá à tentação do orgulho e à sedução da aprovação?

Capítulo 6

Leia: Seguindo Cristo: Dez marcas do ministério centrado em Cristo

Explore: Questões para discussão

1. Qual a sua reação à citação de George Müller no início deste capítulo?

2. O que significa o fato dessas dez marcas serem formativas e não fórmulas, e de serem descritivas, em vez de prescritivas?

3. Resuma "submissão ao Pai" e o que significa ser "cheio, guiado e empoderado pelo Espírito Santo" em suas próprias palavras. Descreva uma ação que você queira pôr em

prática para crescer neste aspecto da liderança baseada na mordomia.

4. As estratégias centradas na fidelidade que se relacionam ao planejamento estratégico e ao levantamento de recursos do reino, em oração, pretendem nos manter numa postura de dependência. Descreva por que isso é importante e o que acontece quando não estamos nesta situação.

5. O caminho do reino apela ao sistema de medição orientado por princípios eternos na prestação de contas e administração financeira transparente no ministério. Quais são os riscos de se ter sistemas de mensuração errados, uma prestação de contas inadequada e a falta de transparência ligada às finanças do ministério?

6. Como a produtividade da equipe é impactada quando a gestão é baseada em relacionamentos em vez de em resultados?

7. Como a percepção do mundo a respeito dos cristãos é moldada quando o ministério demonstra amor e serviço?

8. Quais são os seus dons espirituais e como você os tem colocado em ação no serviço ao próximo para a glória de Deus?

9. Quais recursos você possui que não estão sendo administrados em consistência com as instruções de Jesus?

10. Você está arrecadando doações para seu ministério ou suscitando doadores para o reino de Deus? Qual a diferença?

Medite: Reflita sobre as passagens bíblicas a seguir: João 15:19-30; Atos 6:4; Gálatas 5:22,23; Atos 15; Lucas 6:12,13; Atos 13:1-3; Lucas 9:1-6, 10:1-24, 22:35-38; Atos 4:36,37; 1 Timóteo 3:1-13, 2 Coríntios 8:20,21; Lucas 22:24-27; 1 Pedro 5:3; Marcos 12:30,31; Gálatas 6:10,11; 1 Pedro 4:10; Lucas 20:25; 1 Timóteo 6:17-19.

Ore: Em que direção o Espírito Santo o está guiando?

Aja: O que significa obediência neste contexto? Você consegue escolher pelo menos uma prática formativa para adotar em sua vida?

Recursos para que se escolha o caminho do reino

Recurso n.º 1: As sete marcas do líder-mordomo

Temos usado o termo líder-mordomo por todo esse livro. A tabela a seguir resume o que cremos serem as sete marcas do líder-mordomo em sete declarações que estão fundamentadas por verdades bíblicas. Oferecemos esta lista para você e sua diretoria ou equipe de liderança conversarem sobre a liderança baseada na mordomia. Como as declarações são breves, há várias formas como podem ser colocadas para discussão. Sugerimos três:

1) *Autorreflexão.* Separe uma semana para refletir em uma declaração por dia. Como ela se manifesta em sua própria vida? Registre seus pensamentos em uma agenda.

Como essa declaração se relaciona com sua liderança? Novamente, registre seus pensamentos. Peça ao Espírito Santo que lhe mostre áreas em que ainda há espaço para crescimento.

2) *Reunião para diálogo entre a diretoria ou equipe.* Imprima essas sete marcas em uma página e distribua-as entre os participantes. Divida as pessoas em sete grupos, ou se a quantidade de pessoas for reduzida, peça que cada pessoa selecione uma marca. Cada pessoa, ou grupo, lê a marca, a resume em suas próprias palavras e diz por que é importante crer e agir de acordo com aquela declaração.

3) *Sete debates curtos.* Se sua equipe de liderança se reúne com frequência, considere discutir uma marca em cada encontro. Novamente, assegure-se de conceder a cada um a chance de compartilhar suas considerações. Separe um tempo para orar uns pelos outros para que cada marca seja evidente na vida de cada um.

AS SETE MARCAS DO LÍDER-MORDOMO

1.	Líderes-mordomos *compreendem que sua vida não lhes pertence*. São mordomos em cada área de vida e resistem à tentação de desempenhar o papel de senhor. Diariamente tomam a postura de ouvir a direção de Deus e responder-lhe com alegre obediência.
2.	Líderes-mordomos *buscam intimidade com Deus como sua vocação mais elevada*. Eles priorizam as atividades que alimentam essa intimidade e rejeitam a tentação de permitir que assuntos urgentes os afastem dela. Seguem a direção de Deus, independentemente de onde ela possa levá-los no ministério.
3.	Líderes-mordomos *são seguros de sua identidade em Jesus Cristo*. Permanecem firmes nessa segurança e rejeitam a tentação de desejar afirmação ou aplauso de qualquer outra fonte. Isso lhes dá condições de absorver as críticas e se desviar do louvor.
4.	Líderes-mordomos *veem aqueles com quem lideram e servem como companheiros de peregrinação*. Evitam a tentação de usar os outros para promover seus interesses. Consequentemente, incentivam o crescimento pessoal e espiritual de seus liderados e de seus parceiros de serviço.
5.	Líderes-mordomos *consideram todos os recursos como bênçãos de Deus*. Resistem à tentação de acumulá-los ou desperdiçá-los. Ao contrário, colocam-nos em ação de forma consistente com as instruções da Palavra de Deus e a direção do Espírito Santo; e o fazem para a glória de Deus.
6.	Líderes-mordomos *reconhecem a batalha espiritual na qual estão, enquanto se esforçam para liderar como mordomos fiéis num mundo de pessoas que desempenham papel de senhores*. Falam a verdade, o que liberta as pessoas do cativeiro para que possam experimentar a vida abundante.
7.	Líderes-mordomos *aprenderam que a vitória começa na rendição*. Põem de lado a tentação da autossuficiência e se vestem do manto do líder que não possui reputação. Somente depois de abandonar tudo, um mordomo pode liderar eficazmente.

Recurso n.º 2: Um guia básico para buscar os resultados do reino

Percebemos que depois de ler esse livro você pode precisar de algo em mãos, um tipo de guia básico, para facilitar o debate com sua diretoria, equipe de liderança e outros colaboradores no reino. Este guia terá três partes. Por exemplo, em um retiro da diretoria, a primeira parte poderia ser feita em uma noite. A segunda e terceira poderiam ser abordadas na manhã seguinte.

Parte um: Dois caminhos

O CAMINHO COMUM	O CAMINHO DO REINO
Liderança guiada pela produção	Liderança baseada na mordomia
Estratégias baseadas na expansão	Estratégias focadas na fidelidade
Medição orientada por princípios terrenos	Medição orientada por princípios eternos
Gestão baseada em resultados	Gestão baseada em relacionamentos
Visão utilitária dos recursos	Visão dos recursos guiada pela mordomia

Como as práticas em nossas igrejas ou organizações revelam a forma como definimos sucesso? Líderes seniores devem separar tempo para refletir sobre como sua liderança está moldando uma cultura de busca de resultados ou uma cultura de busca pela obediência. Também podemos ter um tempo para discutir abertamente esses itens. Sugerimos que prepare, pelo menos, 90 minutos para os sete passos desse exercício em grupo.

1) *Convocação para oração.* Antes de iniciar uma conversa sobre esse tópico, sugerimos que convoque a sua diretoria ou equipe de liderança para se reunirem e, antecipadamente, peça-lhes que orem por sabedoria vinda do Senhor com relação ao que realmente é sucesso.

2) *Leia as dez descrições em voz alta.* Quando estiverem juntos, peça que as pessoas se revezem na leitura das breves descrições que definem as cinco características do caminho comum e as do caminho do reino.

3) *Divida as pessoas em cinco grupos.* Se sua equipe é pequena, então, talvez faça os passos a seguir como um grupo único. O objetivo aqui é que todos participem da conversa.

4) *Estimule as pessoas a falar.* Designe cinco pares de características para os cinco grupos e peça-lhes que discutam como as características do caminho comum e do caminho do reino se manifestam na igreja ou ministério.

5) *Compartilhe ideias.* Convide cada grupo a compartilhar formas como o ministério pode permanecer no caminho do reino com relação a cada característica.

6) *Discuta os próximos passos.* Se for uma reunião de diretoria, o presidente pode sugerir que se peça à liderança para rever as políticas que precisam de revisão. Se for numa reunião de staff, a equipe pode avaliar as políticas e procedimentos por área de responsabilidade.

7) *Faça a escolha.* Não estamos sugerindo que os líderes decidam todas as mudanças que querem efetuar em uma

reunião. Ao convocá-los para que decidam, estamos simplesmente sugerindo que eles façam a escolha de mudar de caminho, conforme necessário, para buscarem os resultados do reino.

Parte dois: Três tentações: controle, idolatria e orgulho

TRÊS TENTAÇÕES: CONTROLE, IDOLATRIA E ORGULHO		
ENGANO N.º1	**ENGANO N.º2**	**ENGANO N.º3**
"A concupiscência da carne"	"A concupiscência dos olhos"	"A soberba da vida"
Quem está no controle?	A quem servimos?	Em quem baseamos nossa identidade?

Esta próxima parte será melhor aplicada de maneira devocional, refletindo-se em Lucas 4:1-13. Novamente, há muitas formas de fazê-lo: individualmente, com uma equipe de liderança ou durante uma reunião da diretoria. Isso pode ser feito em 30 a 60 minutos.

Comece orando para que o Espírito ensine e oriente a cada um. Quer individualmente ou em grupo, leia Lucas 4:1-13 em voz alta. Permaneçam em silêncio. Leia a passagem em voz alta e dê uma pausa depois de cada tentação. Peça aos participantes que tenham um tempo silencioso com o Senhor e reflitam sobre como cada tentação se lhes apresenta, pessoalmente.

Dê-lhes tempo para registrar as verdades bíblicas, ligadas a cada tentação, que lhes vêm à mente. Desafie-os a decidir resistir a essas tentações, permanecendo firmes na fé. Encerre esse tempo em oração.

Parte três: As dez marcas do ministério cristocêntrico

SEGUINDO A CRISTO: DEZ MARCAS DO MINISTÉRIO CENTRADO EM JESUS	
Liderança baseada na mordomia	(1) Submissão ao Pai (2) Ser cheio, guiado e empoderado pelo Espírito Santo
Estratégias focadas na fidelidade	(3) Planejamento estratégico baseado na oração (4) Captação de recursos para o reino
Medição orientada por princípios eternos	(5) Prestação de contas ministerial (6) Administração financeira transparente
Gestão baseada em relacionamentos	(7) Servir às pessoas com humildade (8) Fazer tudo com amor
Visão dos recursos guiada pela mordomia	(9) Mobilizar pessoas com dons espirituais (10) Generosidade cristã radical

Nosso alvo para esta terceira parte é de 3 horas, com um intervalo na metade deste tempo. Isto significa que você tem certa de 15 minutos para discutir cada ponto. Tente abordar cinco marcas em 75 minutos e dê o intervalo. Aborde os últimos cinco após este. Como um facilitador, seu objetivo é fazer que as pessoas falem e interajam com estas marcas. Sugerimos que não exponha cada uma dessas áreas na mesma ordem que aparecem, mas misture-as para manter seu grupo envolvido.

Por exemplo, peça aos grupos que definam cada marca. Eles podem compartilhar o que creem ser submissão ao Pai na vida do indivíduo e na liderança. Outra forma de abordá-las seria compartilhar uma ou mais passagens bíblicas ligadas à cada marca e falar sobre como os grupos as entendem à luz da Palavra de Deus e como as relacionam ao ministério ou igreja.

Para que os participantes não dissociem isto da organização, peça ao staff para comentar, em cada marca, sobre as políticas e/ou procedimentos que podem estar ligadas a elas. Este processo trará luz sobre áreas para crescimento. Como tal, pode ser útil fazer esse exercício anualmente, como por exemplo, quando novos integrantes da diretoria ou equipes de liderança estão sendo treinados. O objetivo principal em revisar cada uma das marcas é construir um consenso sobre propriedade e comunidade em torno da escolha pelo caminho do reino.

Recurso n.º 3: Os compromissos do ministério centrado em Cristo

Um resultado que pode aparecer por ter facilitado as discussões acerca do tópico de buscar o caminho do reino é uma declaração organizacional oficial. Tal declaração pode reformular a cultura de um ministério, especialmente se ele estava seguindo o caminho comum. A seguir há uma amostra de documento que você pode escolher adotar ou adaptar.

Como povo de Deus, chamados para o propósito da missão deste ministério, comprometemo-nos a:

1) Entender os ensinamentos de Jesus e obedecê-los, não importando as implicações disto em nossa cultura ou na organização.

2) Ouvir intencionalmente, como comunidade, a orientação do Espírito Santo e juntos afirmar a visão que surgir para nosso ministério como resultado de tê-la ouvido.

3) Ser obediente à orientação do Espírito e buscar esta visão sem hesitação ou medo, confiando que Deus será nosso Sustentador e Provedor.

4) Alinhar os nossos sistemas, políticas e práticas com a visão, independentemente do quanto isso nos custe.

5) Mensurar nosso sucesso somente em termos de nossa fidelidade em promover essa visão.

6) Desenvolver nossos planos e criar nossas estratégias concentrando-nos no trabalho para o qual Deus nos chamou, a fim de atingir essa visão.

7) Liderar nosso povo no pleno uso de suas habilidades e dons espirituais, ligando cada ação ao cumprimento dessa visão.

8) Investir os recursos que Deus nos confiou para buscar essa visão com paixão e alegria.

9) Mensurar todo nosso trabalho nos termos do reino e realizar todo nosso trabalho somente sob a orientação dos valores do reino.

10) Renunciar ao nosso desejo por controle, denunciar o amor ao dinheiro, evitar o enaltecimento mundano, e revestir--nos do manto do ministério centrado em Cristo, para a glória de Deus.

Como equipe de liderança, afirmamos anualmente esses compromissos para manter nossa centralidade em Cristo na busca pelos resultados do reino.

Recursos n.º 4: A escolha — a Regra de Vida

Somente após haver estudado o conteúdo deste livro queremos considerar esta proposta. Nós o convidamos a adotar a Regra de Vida, que se encontra na próxima página. Leia-a por completo.

Então, o que você acha? Está de acordo? Se sim, encontre um amigo para testemunhar sobre a sua decisão. Talvez o convide a se unir a você. Oramos para que, ao chamar as pessoas para esta Regra de Vida, o Espírito catalise um movimento de discípulos determinados a seguir o caminho do reino.

A ESCOLHA: A REGRA DE VIDA

Como seguidor de Jesus Cristo, comprometo-me a:

1. Definir sucesso como obediência aos ensinamentos de Jesus Cristo contidos na Palavra de Deus.

2. Resistir à tentação do controle e, em vez disso, colocar minha confiança nas promessas de Deus.

3. Resistir à tentação da idolatria e da confiança no dinheiro ou posses, em vez de Deus.

4. Resistir à tentação do orgulho, encontrando a minha identidade e afirmação somente em Cristo.

5. Submeter-me ao Pai e ser cheio, guiado e empoderado pelo Espírito Santo.

6. Empregar estratégias focadas na fidelidade e relacionadas ao planejamento estratégico com oração e também na arrecadação de recursos do reino.

7. Usar sistemas de mensuração orientados por princípios eternos para a prestação de contas e administração financeira transparente para o ministério.

8. Gerir relacionamentos e não resultados com uma postura de humildade e fazer tudo com amor.

9. Mobilizar pessoas com dons espirituais e exortá-las a demonstrar generosidade cristã radical.

10. Fornecer um modelo de liderança guiada pela mordomia que glorifique a Deus e indicar o caminho para que outros possam fazer o mesmo.

Adoto essa Regra de Vida na presença desta testemunha, com um objetivo: que possa correr a carreira da perseverança que me foi designada e, algum dia ouvir as palavras do nosso Senhor Jesus Cristo: "Muito bem!".

Assinatura: _____

Testemunha: _____

Data: _____/_____/_____

Recursos n.º 5: O site The Choice Book

Se você lê inglês, pode visitar o site **www.thechoicebook.org**. Lá encontrará recursos adicionais para auxiliá-lo em sua jornada. Fazer a escolha é somente o primeiro passo. O conteúdo do site pretende ajudá-lo a permanecer nos trilhos e a terminar bem.

A Escolha

Notas finais

1. PLATT, David. *Radical Together: Unleashing the People of God for the Purpose of God* (Radicalmente juntos: Liberando o povo de Deus para o propósito de Deus). Colorado Springs: Multnomah, 2011, p. 3.

2. LISIEUX, Thérèse de. Conforme relatado em *The Confirmed Catholic's Companion: A Guide to Abundant Living*, ed. M. K. Glavich. (O compromisso do seguidor católico: Um guia para vida abundante) Chicago: ACTA Publications, 2005, 71.

3. VISCHER, Phil. Citado por Megan Basham em *"It's Not About the Dream"* ("Não é sobre o sonho"), World: 24 de setembro, 2011. Disponível em: <http://www.worldmag.com/2011/09/it_s_not_about_the_dream> Acesso em: 5 dezembro 2013.

4. CALVINO, João. *As institutas da religião cristã*. São Paulo: Editora Cultura Cristã, 2006.

5. COLSON, Charles. *O que significa amar a Deus*. Belo Horizonte: Editora Betânia, 1985.

6. LEWIS, C. S. *Cristianismo puro e simples*. São Paulo: Editora WMF Martins fontes, 2009.

7. MURRAY, Andrew. *Waiting on God* (Esperando em Deus). Renaissance Classics, 2012, 7.

8. LAWRENCE, Irmão; LAUBACH, Frank. *Praticando a Presença de Deus*. Rio de Janeiro: Editora Danprewan, 2003.

9. Para ler mais sobre este assunto, consulte: BARTON, Ruth Haley. *Pursuing God's Will Together: A Discernment Practice for Leadership Groups* (Buscando a vontade de Deus juntos: A prática do discernimento para grupos de liderança), Downers Grove: IVP, 2012; BARTON, Ruth Haley. *Strengthening the Soul of Your Leadership: Seeking God in the Crucible of Ministry* (Fortalecendo a alma de seus

líderes: Buscando Deus no crisol do Ministério), Downers Grove: IVP, 2008; e BARTON, Ruth Haley. *Sacred Rhythms: Arranging our Lives for Spiritual Transformation* (Ritmos sagrados: Organizando nossa vida para a transformação espiritual), Downers Grove: IVP, 2006.

10. BLACKABY, Henry; KING, Claude V. *Conhecendo Deus e fazendo Sua vontade: Experiências com Deus.* São Paulo: Editora Lifeway, 2001.

11. TOZER, A. W. *À procura de Deus.* Belo Horizonte: Editora Betânia, 1985, p. 20-21

12. TOZER, A. W. *A raiz dos justos.* São Paulo: Editora Mundo cristão, 1983.

13. Para ler mais sobre este assunto, consulte: Monografia de Scott Rodin sobre manter a doação. RODIN, R. Scott. *Toward a Theology of Endowment Keeping* (Em direção à teologia para manutenção da doação). Winchester: ECFA, 2010.

14. HATMAKER, Jen. *Seven Clothes, Spending, Waste, Stress, Media, Possessions, Food — An Experimental Mutiny Against Excess* (Sete: roupas, gastos, desperdício, estresse, mídia, bens, comida — Um motim experimental contra o excesso). Nashville: B & H Publishing, 2012, 114.

15. AGOSTINHO, bispo de Hipona, carta 203.

16. TAYLOR, Hudson. Conforme relatado em Daniel Whyte III. Dallas: Torch Legacy, 2010, 91.

17. MÜELLER, George. Como citado por MACCHIA, Stephen A. *Crafting a Rule of Life: An Invitation to the Well-Ordered Way* (Elaborando uma regra para vida: Um convite ao caminho bem-ordenado). Downers Grove: IVP, 2012, 121–22.

18. TERESA, Madre. *Venha, seja minha luz.* São Paulo: Editora Thomas Nelson, 2008.

19. "Jonathan Edwards Resolutions" (Resoluções de Jonathan Edwards). Disponível em: <http://www.apuritansmind.com/the-christian-walk/jonathan-edwards-resolutions/>. Acesso em: 6 dezembro 2013. Veja também: WHYTE, Daniel III *How to Forget the Troubles, Problems, and Failures of the Past and Make this the Best Year of Your Life* (Como esquecer os problemas, os sofrimentos e os fracassos do passado e fazer deste ano o melhor de sua vida). Dallas: Torch Legacy, 2011, 53.

20. BONHOEFFER, Dietrich. *Discipulado.* São Paulo: Editora Mundo Cristão, 2016.

21. MANSUR, Martin H. John Milton. Como relatado em *The Westminster Collection of Christian Quotations* (Coleção de citações cristãs de Westminster). Louisville: Westminster John Knox Press, 2001, p. 87.

22. CRISÓSTOMO, João. *Homilias sobre Romanos 9*.

23. *Severian of Gabala* (Severiano de Gabala), Catena. CEC 29.

24. MACARTHUR, John. *Encontrada: a vontade de Deus*. São Paulo: Editora Candeia, 2002.

25. Em a *Celebração da disciplina: O caminho do crescimento espiritual* (Editora Vida, 2010), Richard Foster observou quatro disciplinas interiores: oração, estudo da Palavra, jejum e meditação. Na abordagem da primeira marca, falamos sobre a importância da oração e o estudo da Palavra. Agora, estamos chamando atenção para as outras duas: a meditação e o jejum.

26. HOAG, Jenni. *Personal communication* (Comunicação pessoal, 12 setembro 2013.

27. GOFORTH, Rosalind Jonathan. Conforme relatado por sua esposa em *Climbing: Memories of a Missionary's Wife* (Escalada: Memórias de uma esposa de missionário). Grand Rapids: Zondervan, 1940, p. 197.

28. JUDSON, Adoniram. *The American Baptist Magazine and Missionary Intelligencer*, (Revista batista americana e informe missionário), vol. 1. Boston: James Loring and Lincoln & Edmands, 1817, p. 99.

29. Para uma abordagem mais aprofundada deste tema, veja: RODIN, R. Scott; HOAG, Gary G. *The Sower: Redefining the Ministry of Raising Kingdom Resources* (O Semeador: Redefinindo o ministério de captação de recursos para o reino), Winchester: ECFA Press, 2010.

30. Necessita de ajuda? Adquira uma cópia para elaborar um projeto de vida: *An Invitation to the Well-Ordered Way* (Um convite ao caminho bem-ordenado) por Stephen A. Macchia.

31. NOUWEN, Henri J. M. *The Spirituality of Fundraising* (A espiritualidade no levantamento de recursos), Richmond Hill: Estate of Henri J. M. Nouwen, 2004), p. 6.

32. WESLEY, John. *The Works of Rev. John Wesley* (As obras do Rev. John Wesley), A.M., vol. 13. London: Wesleyan Conference Office, 1872, p. 9.

33. Nota do tradutor: Atualmente não existe no Brasil nenhuma organização, voltada a igrejas e ministérios, que preste esse tipo de serviço. No site da empresa americana, fornecido no parágrafo,

são oferecidas webniars para treinamento e conscientização. Nós o incentivamos a conhecê-los e a sua atuação no mundo eclesiástico americano.

34. D´AVILA, Santa Teresa de. *Livro da vida*. São Paulo: Editora Penguin Companhia, 2010.

35. CHAN, Francis. *O Deus esquecido: revertendo nossa trágica negligência para com o Espírito Santo*. São Paulo: Editora Mundo Cristão, 2010.

36. NOUWEN, Henri J. M. *The Spirituality of Fundraising* (A espiritualidade no levantamento de recursos), Richmond Hill: Estate of Henri J. M. Nouwen, 2004), p. 28.

37. HALE, Rev. Charles R. *Give an Account of Thy Stewardship* (Presta contas da tua mordomia), sermão proferido na Igreja de Santo Timóteo em Nova Iorque, EUA, no terceiro domingo do advento, 1873. Disponível em: <http://anglicanhistory.org/usa/crhale/stewardship.html> Acesso em: 6 dezembro 2013.

38. PLATT, David. *Radical: Taking Back Your Faith from the American Dream* (Radical: Separando sua fé do sonho americano), Colorado Springs: Multnomah, 2010, p. 28, itálicos acrescentados.

39. EDWARDS, Jonathan. *The Works of President Edwards* (As obras do Presidente Edwards) vol. 4. New York: Leavitt & Allen, 1852, p. 575.

40. WILLARD, Dallas. *A grande omissão: As dramáticas consequências de ser cristão sem se tornar discípulo*. São Paulo: Editora Mundo Cristão, 2008.

A Escolha

Os autores

DR. GARY G. HOAG, tem dedicado sua vida para estimular a generosidade cristã como a generosidade do monge. Ele fornece aconselhamento estratégico e espiritual a líderes denominacionais no sentido de desenvolver a prática da generosidade no ambiente de suas igrejas locais e auxilia os líderes de ministério a agregar o povo de Deus a participar com eles na obra de Deus. Anteriormente, atuou como vice-presidente para o desenvolvimento do Seminário e Faculdade Cristã em Denver no Colorado, EUA. Atualmente, ministra palestras e ensina em seminários ao redor do mundo. Ele coautor do livro *The Sower: Redefining the Ministry of Raising Kingdom Resources* (O Semeador: Redefinindo o ministério de captação de recursos para o reino), trabalhou como revisor de conteúdo da *NIV Stewardship Study Bible* (Bíblia de Estudo NVI Mordomia), também é autor de capítulos em outros livros, bem como de inúmeros artigos. Também é voluntário nas seguintes organizações: *Association of Theological Schools — Development and Institutional Advancement Professionals* (Associação de Escolas Teológicas — Profissionais de Desenvolvimento e Avanço Institucional (ATS—DIAP), *Christian Stewardship Association* (Associação de Mordomia Cristã) (CSA), e *Christian Leadership Alliance* (Aliança de Liderança Cristã) (CLA).

DR. R. SCOTT RODIN, tem paixão por ajudar ministérios cristãos a adotarem a abordagem bíblica para planejamento estratégico, desenvolvimento de diretoria, e embasamento de campanhas para captação de recursos. Durante 29, atuou como conselheiro, instrutor e treinador de organizações sem fins lucrativos nos Estados Unidos, Canadá, Oriente Médio, Grã-Bretanha, China e Austrália. Lidera a *Rodin Consulting Inc.* e é ex-presidente da *Christian Stewardship Association* (Associação de Mordomia Cristã) e do *Eastern Baptist Theological Seminary* (Seminário Teológico Batista Oriental) na Filadélfia, EUA. É membro sênior do *Fellow of the Association of Biblical Higher Education* (Associação Bíblica de Ensino Superior) e atua no conselho da *ChinaSource* e da *Evangelical Environmental Network* (Rede Ambiental Evangélica). Ele é coautor de *The Sower: Redefining the Ministry of Raising Kingdom Resources* (O Semeador: Redefinindo o ministério de captação de recursos para o reino), e de outros livros, incluindo: *The Million-Dollar Dime* (A moeda de milhões de dólares), *The Third Conversion* (A terceira conversão), *The Steward Leader* (O líder-mordomo), *The Seven Deadly Sins of Christian Fundraising* (Os sete pecados capitais no levantamento de recursos cristão), e *Stewards in the Kingdom* (Mordomos no reino).

DR. WESLEY K. WILLMER, CCNL, atualmente atua como vice-presidente sênior para o desenvolvimento de *Prison Fellowship Ministries* (Ministério de comunhão na prisão). Ao longo de sua carreira, de mais de quatro décadas, iniciou e administrou mais de 1 milhão de dólares em pesquisas para estudar as práticas de gestão sem fins lucrativos. Ele é responsável por 24 livros e muitos artigos em revistas profissionais.

Além de assessorar uma grande variedade de ministérios, foi voluntário em vários conselhos, inclusive atuando por 6 anos como presidente do *Christian Stewardship Association* (Associação de mordomia Cristã), sendo um dos membros fundadores do *Council for the Advancement and Support of Education's* (Conselho de Apoio e Promoção a Educação) (CASE) Comissão de Filantropia, atuou como vice-presidente na diretoria do ECFA (*Evangelical Council for Financial Accountability*), e foi membro fundador da *Leadership Alliance Christian* (Aliança de Liderança Cristã) (CLA).